IT kompakt

Werke der „kompakt-Reihe" zu wichtigen Konzepten und Technologien der IT-Branche:

- ermöglichen einen raschen Einstieg,
- bieten einen fundierten Überblick,
- sind praxisorientiert, aktuell und immer ihren Preis wert.

Weitere Titel der Reihe siehe: http://www.springer.com/series/8297.

Christof Ebert

Risikomanagement kompakt

Risiken und Unsicherheiten bewerten
und beherrschen

2., überarbeitete und erweiterte Auflage

 Springer Vieweg

Christof Ebert
Vector Consulting Services GmbH
Stuttgart, Deutschland

ISBN 978-3-642-41047-5   ISBN 978-3-642-41048-2 (eBook)
DOI 10.1007/978-3-642-41048-2

Die Deutsche Nationalbibliothek verzeichnet diese Publikation in der Deutschen Nationalbibliografie; detaillierte bibliografische Daten sind im Internet über http://dnb.d-nb.de abrufbar.

Springer Vieweg
© Springer-Verlag Berlin Heidelberg 2006, 2013

Das Werk einschließlich aller seiner Teile ist urheberrechtlich geschützt. Jede Verwertung, die nicht ausdrücklich vom Urheberrechtsgesetz zugelassen ist, bedarf der vorherigen Zustimmung des Verlags. Das gilt insbesondere für Vervielfältigungen, Bearbeitungen, Übersetzungen, Mikroverfilmungen und die Einspeicherung und Verarbeitung in elektronischen Systemen.

Die Wiedergabe von Gebrauchsnamen, Handelsnamen, Warenbezeichnungen usw. in diesem Werk berechtigt auch ohne besondere Kennzeichnung nicht zu der Annahme, dass solche Namen im Sinne der Warenzeichen- und Markenschutz-Gesetzgebung als frei zu betrachten wären und daher von jedermann benutzt werden dürften.

Gedruckt auf säurefreiem und chlorfrei gebleichtem Papier.

Springer Vieweg ist eine Marke von Springer DE. Springer DE ist Teil der Fachverlagsgruppe Springer Science+Business Media
www.springer-vieweg.de

Vorwort

Erwarte das Unerwartete, sonst wirst Du es nicht finden (Heraklit).

Nichts erfolgt ohne Risiko, aber ohne Risiko erfolgt auch nichts. Risiken bieten Chancen, wenn sie systematisch behandelt werden. Risikomanagement ist das Schlüsselwerkzeug für Führungskräfte im Projekt und in der Linie. Es hilft dabei, Chancen, Unsicherheiten und Gefahren bewusst und proaktiv anzupacken. Risikomanagement beschreibt nicht nur einen Prozess sondern eine Denkweise und Unternehmenskultur. Es wird allerdings nur in wenigen Organisationen effektiv eingesetzt. Das führt dazu, dass einerseits Chancen nicht genutzt werden, und andererseits jedes vierte Projekt abgebrochen wird. Führungskräfte, die Risiken ignorieren und sich Tag für Tag „ganz pragmatisch" im Sinne von „das schaffen wir schon" und „das hat doch bisher auch geklappt" durchwursteln, gefährden sich selbst und ihr Unternehmen – insbesondere wegen wachsender Anforderungen an Vertragseinhaltung, Produkthaftung und Governance.

Risikomanagement kompakt fasst praxisnah und verständlich zusammen, was Risikomanagement ist, wie es eingeführt und eingesetzt wird und was die Besonderheiten bei IT-Projekten und Entwicklungsprojekten sind. Es beschreibt Hintergrund und Anwendung professioneller Techniken, mit denen Risiken erkannt, bewertet, abgeschwächt und kontrolliert werden. Sie als Leser profitieren von praxiserprobten Verfahren. Viele Beispiele und Tipps zeigen, wie die Techniken erfolgreich und zielorientiert umgesetzt werden.

Risikomanagement kompakt hilft Ihnen dabei:

- Risikomanagement im Kontext des Projektmanagements zu verstehen,
- verschiedene Arten von Risiken zu unterscheiden und situativ zu bewerten,
- Risikomanagement schrittweise einzuführen,
- einen pragmatischen Prozess für das Risikomanagement auf Ihre Bedürfnisse anzupassen,
- konkrete Lösungen für Ihre aktuelle Situation auszuwählen und produktiv einzusetzen,
- Risiken im Kontext von Governance, Gesetzen und Standards zu beherrschen.

Risikomanagement kompakt ist seit vielen Jahren das bewährte deutschsprachige Kompendium konkreter Vorgehensweisen und Erfahrungen für das Risikomanagement von IT- und Softwareprojekten. Die Neuauflage wurde komplett überarbeitet und um die Themen Produkthaftung, Governance, agiles Risikomanagement, Lieferantenmanagement und konkrete Projektkennzahlen aus der Praxis erweitert.

Danken möchte ich meinen Kollegen und Kunden sowie den vielen Teilnehmern meiner Seminare und Vorträge, mit denen gemeinsam ich sehr viel lernen konnte. Schließlich geht mein Dank an den Springer-Verlag insbesondere den Herren Engesser und Dr. Rüdinger, die mich dazu stimuliert haben, dieses Buch zu schreiben und es gut zu schreiben.

Risiken gehören zum Alltag der modernen Informationstechnik und Softwareentwicklung. Wir werden in der Informations- und Softwaretechnik dafür bezahlt, mit immer neuen Herausforderungen und Risiken innovativ umzugehen. Risikomanagement ist Ihr Werkzeug, um Chancen zu ergreifen und Risiken professionell zu handhaben. Ich stehe Ihnen, verehrte Leser, gerne für Ihre Fragen zur Verfügung.

Nun wünsche ich Ihnen viel Erfolg beim Ergreifen von Chancen für Ihre Projekte und Produkte!

Rom, im August 2013   Christof Ebert

Inhaltsverzeichnis

1.1 Risiken in Software und IT

„Es sind 106 Meilen bis Chicago, wir haben genug Benzin im Tank, ein halbes Päckchen Zigaretten, es ist dunkel und wir tragen Sonnenbrillen." Dieser Satz aus dem Film „Blues Brothers" zeigt Lebensgefühl, aber auch eine Kultur eines sehr pragmatischen Risikomanagements. Zuerst werden die Risiken verstanden, dann werden sie abgeschwächt. Kürzer lässt sich Risikomanagement nicht ausdrücken. Und so prägnant und klar wollen wir es auch in diesem Buch darstellen. In Softwareentwicklung und IT-Projekten steht statt der Tankanzeige die Kapa-Planung, und statt der Zigaretten der Kaffee. Gemeinsamer Nenner bleibt, dass man ein Projekt nur starten sollte, wenn man sich auf die wesentlichen Risiken vorbereitet hat.

Software greift zunehmend in unser Leben ein. Ein Leben ohne Software ist praktisch nicht mehr vorstellbar. Software fliegt unsere Flugzeuge und regelt komplexe Transportsysteme. Software lenkt, beschleunigt und bremst unsere Autos. Sie kontrolliert medizinische Geräte, denen wir unser Leben immer wieder anvertrauen (müssen). Sie steuert Kommunikationslösungen, mit deren Hilfe wir telefonieren, fernsehen, im Internet einkaufen oder Musik hören. Und Software transferiert unser Geld zwischen Banken und zu den vielen Händlern, bei denen wir täglich einkaufen.

Jährlich wird weltweit Software im Wert von mehreren hundert Milliarden Euro entwickelt. Bereits gegen Ende der Dekade wird der unvorstellbar große Betrag von einer Billion Euro für jährliche IT-Ausgaben überschritten. Und gerade deshalb sollten wir darüber nachdenken, wie

C. Ebert, *Risikomanagement kompakt*, IT kompakt,
DOI 10.1007/978-3-642-41048-2_1, © Springer-Verlag Berlin Heidelberg 2013

„gut" und „sicher" diese Software eigentlich ist. Das gilt umso mehr, als dass Sie als Leser solche Softwarelösungen verantworten und daher immer mit mindestens einem Fuß auf sehr unsicherem Grund stehen. Wohin läuft Ihr Projekt? Welche Risiken und Unsicherheiten gibt es, und wie können Sie sie beherrschen? Können Sie die vereinbarten Vorgaben halten? Wie gehen Sie mit sich ändernden Anforderungen um? Was müssen Sie heute – anders – entscheiden, damit Sie morgen mit Ihrem Projekt erfolgreich sind? Fragen, die noch immer in den meisten Software- und IT-Projekten zu Alpträumen führen.

Jährlich werden Projekte im Wert von vielen Milliarden Euro abgebrochen. Die Produktionsverluste durch Computerausfälle aufgrund fehlerhafter Software summieren sich weltweit auf über hundert Milliarden Euro pro Jahr und die Kosten zu später Fehlerbehebung auf etwa 35 % des IT-Budgets.

Betrachten wir drei typische Beispiele. Der Börsengang von Facebook am 18. Mai 2012 war eine der peinlichsten technischen Pannen an einer US-Börse überhaupt. Allein eine Schweizer Großbank hat durch die technischen Probleme beim Börsengang 350 Millionen Dollar Verlust gemacht, weil sie keine Bestätigungen zu Käufen erhielt, die dann mehrfach abgewickelt wurden. Wiederholt hatten auch bereits Computerprobleme der Wahlmaschinen zu Fehlern bei Wahlen in USA geführt. Beispielsweise veränderte die Maschine die Kandidatenauswahl selbsttätig, während die Wähler dies nicht mehr korrigieren konnten. Und ein unzureichend getestetes Planungswerkzeug führte bei der Olympiade in London zur fehlerhaften Berechnung der benötigten Sicherheitsteams. Soldaten mussten als Sicherheitspersonal einspringen.

Ein Großteil aller Projekte erreicht nicht die gesetzten Ziele. In jährlichen Umfragen untersucht das amerikanische IT-Consulting-Unternehmen Standish Group die Erfolgsraten von IT-Projekten. Demnach wird ungefähr ein Drittel aller Projekte exakt im geplanten Rahmen abgeschlossen, die Hälfte überschreitet Termine und Budgets und ein Sechstel wird abgebrochen. Die Fallstricke sind gerade in Krisenzeiten groß, da an der falschen Stelle gespart wird. Abbildung 1.1 zeigt die Erfolgsquote von Projekten und die wesentlichen Gründe für Projektprobleme.

Unzureichende Prozesse und unklare Verantwortungen sind die typischen Ursachen, die jeweils für über 90 % aller Projektschwierigkeiten verantwortlich sind (Abb. 1.1). Interessant ist das Requirements Engi-

Abb. 1.1 Erfolgsquoten von Projekten

Erfolgsquote von Projekten

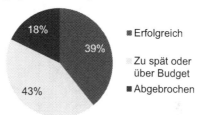

- Erfolgreich
- Zu spät oder über Budget
- Abgebrochen

Hauptgründe für Projektprobleme

| Unzureichende Prozesse (>90%) |
| Unklare Verantwortungen (>90%) |
| Requirements Engineering (>80%) |

Quellen
Oben: Standish Group 2012, ca. 10000 Projekte
Unten: Standish Group, ObjectGroup, McKinsey, 2013

neering, das der dritte wesentliche Grund für Projektschwierigkeiten darstellt.

Damit erkennen wir bereits drei wesentliche Instrumente zum ganz praktischen Risikomanagement:

- Prozesse standardisieren, also z. B. standardisierte Vorlagen für die wesentlichen Arbeitsergebnisse nutzen, Meilensteine abstimmen und einfache schlanke Arbeitsflüsse umsetzen
- Verantwortungen vereinbaren, also z. B. eine einfache Matrix aufstellen, die darstellt, wer für welches Arbeitsergebnis verantwortlich ist
- Requirements Engineering systematisieren, also z. B. jede Anforderung einzeln erfassen, bewerten und verfolgen.

Viele Unternehmen haben kein wirksames Risikomanagement. Unsicherheiten zu Projektbeginn pflanzen sich durch das Projekt hindurch fort. Projektmanager versuchen, ihre Projekte zu steuern, obwohl sie deren Status und Risiken kaum beurteilen können. Das führt dazu, dass so viele Projekte scheitern.

Der Anteil von Projekten, die ihre Ziele erreichen, verbessert sich langsam aber stetig. Hauptgrund in den vergangenen fünfzehn Jahren sind professionelles Projektmanagement und verbesserte Prozesse. Erfolg ist machbar, und dies wollen wir in diesem Buch betrachten. Eine Warnung vorab: Nehmen Sie diesen Trend nicht als gegeben hin! Der hohe Erfolgsdruck im wachsenden globalen Wettbewerb in praktisch allen Märkten führt dazu, dass Unternehmen sich wieder mehr auf Vorgaben einlassen, die sie nicht halten können.

Abbildung 1.2 zeigt, welche Ursachen hauptsächlich zum Scheitern von Projekten beitragen. Es sind immer wieder die gleichen Fehler, die aus evidenten Risiken teure Fehler machen. Dazu gehören schlechtes oder fehlendes Projektmanagement, chaotische oder nicht vorhandene Prozesse, eine fehlende Basis für Anforderungen und den Business Case und schließlich ein unzureichendes Management. Die Fehler sind bekannt und werden von der Standish Group, aber auch von vielen anderen regelmäßig publiziert. Allein, es fehlt in vielen Unternehmen an Motivation und Sachverstand, die genannten Dinge zu ändern.

Erschwerend hinzu kommt die **Kultur der Brandstifter**. Es ist eine alte Beobachtung, dass viele Brandstifter aus den Reihen der Feuerwehr kommen. Ihre Motivation ist es, einen Brand zu legen und nachher beim Löschen einen großen Einsatz zu zeigen, für den sie dann ausgezeichnet werden. Diese Praxis hat auch in der Softwareindustrie Fuß gefasst, und allzu häufig werden jene Manager befördert, die sich als gute Feuerwehrleute ausgezeichnet haben – ohne dass man hinterfragt, ob sie nicht genau jene waren (und sind), die regelmäßig die Brände legen, die sie nachher löschen. Feuerwehreinsätze und gelöschte Feuer werden belohnt, aber nicht die Vorsorge. Die Helden in vielen Unternehmen sind leider noch zu häufig jene Brandstifter, die mit mäßigem Erfolg Probleme bekämpfen, die sie vorher selbst verursachen.

Es gibt noch weitere Fehlverhalten, die ständig neue Feuer entfachen (um im Bild zu bleiben). Beispielsweise werden oftmals Ziele mit Schätzungen verwechselt. Eine Schätzung, die oftmals optimistisch und

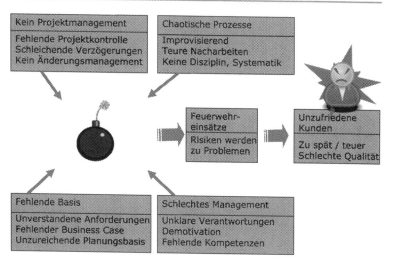

Abb. 1.2 Das Leben im Krisenherd

unsicher ist, wird ohne Prüfung als Zielvorgabe genommen und Kunden kommuniziert. Oder der Wunsch von Vertrieb, Marketing oder Kunden wird unreflektiert als Ziel in die Planung übernommen. Häufig wird Risikomanagement mit Fehlerbekämpfung verwechselt. Dann wird abgewartet, bis das Problem sichtbar ist, um es als Fehler zu korrigieren. Dass dies in der Regel mehr Zeit und Aufwand verursacht als das Risikomanagement, wird damit abgetan, dass man wenigstens weiß, was zu tun ist. Eine andere Ursache ist die Orientierung an kurzfristigen und tagesaktuellen Vorgaben. Diese Vorgaben werden als Parolen ausgegeben und haben häufig eine Lebensdauer von nur wenigen Stunden, bis der nächste Kunde anruft und neue Anforderungen stellt.

Vorsicht mit der Feuerwehrkultur! Das mag zwar durch ständige Adrenalinstöße stimulierend wirken, aber es brennt die Mitarbeiter aus. Wir haben in den vergangenen Jahren immer wieder Führungskräfte und Entwickler getroffen, die ausgebrannt und lustlos sind. Sie haben gemerkt, dass das Hamsterrad aus ständigem Zeitdruck, Nacharbeit und „Task Forces" nirgends hinführt. Zum Unternehmenswechsel fehlt die Lust, und man spürt dann teilweise einen richtigen Friedhofsgeruch auf den Fluren und in den Büros. Hier müssen vor allem Führungskräfte energisch gegensteuern, um die Mitarbeiter wieder zu motivieren.

Was hat sich in den vergangenen Jahren geändert? Stagniert die Branche? Vieles hat sich verbessert, denn sonst wäre die IT-Branche gar nicht in der Lage, immer mehr Komplexität zu schultern. Dafür gibt es nach unseren Beobachtungen bei erfolgreichen Kunden drei Gründe:

- Projektmanagement ist zunehmend professionell und formaler,
- Prozesse werden systematischer gelebt, vor allem weil Kunden dies einfordern,
- Inkrementelle Projekte und besseres Architekturverständnis reduzieren späte Überraschungen.

Erfolgreiche Unternehmen haben verstanden, dass eine „Compliance-Kultur" alleine nirgends hin führt und Innovationen erstickt. Sie integrieren das Risikomanagement direkt in Projekte und Unternehmensbereiche, so dass Chancen wahrgenommen werden und unternehmerisches Verhalten gelebt wird. Sie haben unternehmensweit standardisierte Prozesse mit klaren Verantwortungen, die auch gelebt werden. Kontinuierliche Verbesserung ist Teil der Kultur. Man fragt ganz normal bei jedem Projektreview oder täglichen Scrum: Was können wir besser machen? Was können wir von anderen lernen? Wie bekommen wir diese Praxis ins ganze Unternehmen? Praktisch alle Unternehmen einer Accenture-Studie von 2011 (siehe Literaturverweise) sagen, dass Risikomanagement heute eine größere Bedeutung hat als vor zwei Jahren. **Ihr Fokus liegt ganz klar auf Kostenreduzierung, Standardisierung im Unternehmen sowie Einhaltung regulatorischer Vorgaben.**
Andererseits nimmt die Komplexität von Produkten, Systemen, Kunden- und Lieferantenbeziehungen schnell zu. Noch immer sind die meisten Unternehmen zu stark in einem Silo-Denken von Bereichen

und Projekten verhaftet, das Informationsaustausch verhindert und zu viel Ineffizienz führt. Während Governance für die Vorstandsebene als gesetzt gilt, wird dies mit Formalismus übersetzt und als falsch verstandener Pragmatismus dann wieder ad absurdum geführt. Zwei Drittel aller befragten Unternehmen der genannten Accenture-Studie von 2011 geben an, Enterprise Risk Management zu haben oder einzuführen – aber nur ein kleiner Bruchteil lebt es effizient und wirksam. Die Distanz zwischen Theorie und Formalismus auf der einen Seite, und der gelebten Praxis auf der anderen Seite ist eher größer geworden.

Vor diesem Hintergrund ist die Kenntnis und Anwendung professioneller Techniken unverzichtbar, mit denen Risiken identifiziert, analysiert, beseitigt bzw. abgeschwächt und beherrscht werden können.

1.2   Was ist ein Risiko?

Was eigentlich ist ein Risiko? **Ein Risiko ist die Auswirkung von Unsicherheit auf Ziele. Das Risiko charakterisiert sowohl Gefahren auch Chancen.** Oftmals – und auch in diesem Buch – betrachtet man eher die negativen Folgen. Man sollte das Risiko aber auch mit einer „Chance" assoziieren, um zu verdeutlichen, dass es ohne Risiken keinen Geschäftserfolg geben kann. Wenn Sie beispielsweise um Geld spielen, ist das „negative Risiko" Ihres Gegners das „positive Risiko" (oder die Chance) auf Ihrer Seite.

In der systemtheoretischen Soziologie wird der Begriff des „Risikos" benutzt, wenn eine Entscheidung unter Unsicherheit, also einem Nichtwissen beobachtet wird. Der Soziologe Niklas Luhmann unterscheidet sehr bewusst zwischen „Risiko" und „Gefahr". Er will das Risiko zunächst neutral halten. Die Sozialwissenschaften haben das Leben im Risiko seit den achtziger Jahren stark aufgegriffen. Bis dahin lebte man im Wiederaufbau und ging viele Risiken ein, um zu überleben, und dann um sich stetig zu verbessern. Plötzlich war der Punkt erreicht, wo es uns gut genug ging, um nicht mehr jedes Risiko einzugehen. Doch unsere Gesellschaft will Risiken. „No risk, no fun" sagt der Amerikaner. Der Soziologe Ulrich Beck postulierte, dass die moderne Gesellschaft sich durch selbstproduzierte Risiken charakterisiere, und nicht über Fortschritt, wie in der traditionellen Industriegesellschaft.

In der Praxis ist der Begriff des Risikos negativ belegt. Die Auswirkungen werden weniger als Chance denn als Gefahr angenommen, wie bereits die Herkunft des Worts aus dem griechischen andeutet: Klippe, die zu umschiffen ist. Im altgriechischen ist es das ρίζα (rhiza „Wurzel, Klippe"). Das Umschiffen einer Klippe stellte in Zeiten der Handelsschifffahrt in der Tat ein Risiko dar, denn man wusste nicht, ob das Schiff zurückkommen wird. Schon frühzeitig gab es daher ein sehr konkretes Risikomanagement, das darin bestand, das Risiko zu verteilen und damit abzuschwächen. Anstatt alle Gewürze oder Kunstgegenstände auf ein Schiff zu laden, sandte man deren mehrere Schiffe aus, in der Annahme, dass es einige schaffen würden. Damit war zwar der Profit reduziert (Kosten der Risikoabschwächung), aber gleichzeitig das Ziel erreicht (Risiko wurde nicht zum Problem). Die „Klippe" des Risikos zeigt aber auch die Chance, die im Risiko liegt. Wenn man die Klippe erfolgreich umfahren hat, das Risiko also gut abgeschwächt und kontrolliert hat, dann hat man Vorteile, die man ohne das Risiko nicht gehabt hätte. Wäre Kolumbus nicht um die Klippen gefahren, hätte er Amerika nicht entdeckt.

Die chinesische Sprache greift interessanterweise den gleichen Wortursprung wie das griechische auf, also Chance und Gefahr. Der Begriff des Risikos setzt sich aus zwei Schriftzeichen zusammen. Abbildung 1.3 zeigt die zugehörigen Schriftzeichen. Das erste Zeichen steht für „Wind" und das zweite für „Gefahr". In der traditionellen Schrift ist sogar noch das Segelboot zu erkennen, das um die Klippe fährt.

Die Etymologie des Begriffs „Risiko" zeigt uns also die Klippe zur Chance und die Gefahr im Wind. Gefahr und Chance sind noch nicht greifbar, können aber bereits gespürt werden. Nun wird der Begriff klar: Es geht um zwei Elemente, die zusammen das Risiko kennzeichnen, nämlich die Eintrittswahrscheinlichkeit („Wind" im Chinesischen) und die Auswirkungen („Gefahr" im Chinesischen).

Damit können wir eine einfache Gleichung aufstellen:

$$\text{Risiko} = \text{Auswirkungen} \times \text{Eintrittswahrscheinlichkeit}.$$

Mit diesem einfachen Produkt aus zwei Faktoren lassen sich Risiken bewerten. Wenn dieses Produkt zu groß wird, müssen die Risiken

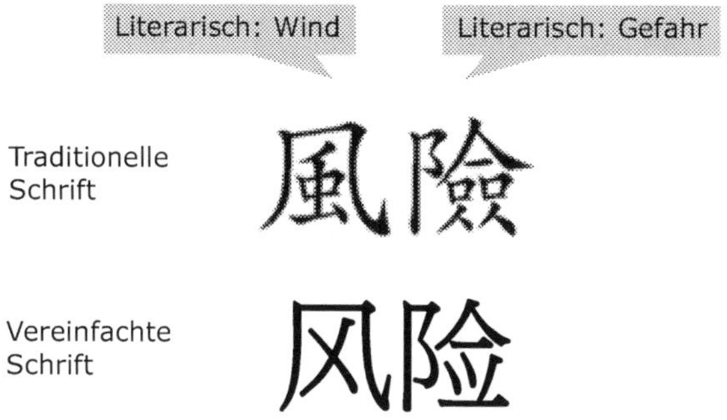

Literarisch: Wind   Literarisch: Gefahr

Traditionelle
Schrift   風 險

Vereinfachte
Schrift   风 险

Abb. 1.3 Chinesisch für Risiko

abgeschwächt oder gar ausgeschaltet werden. Wenn dieses Produkt hinreichend klein ist, braucht man sich nicht den Kopf zerbrechen. Die Eintrittswahrscheinlichkeit bestimmt die Bedeutung eines Risikos. Wenn sie gering ist, wird aus dem Risiko nie die Gefahr (oder Chance) werden, die wir gerade schätzen. Auswirkungen sind die ungünstigen Effekte falls das Risiko eintritt. Insofern quantifiziert das Risiko diese beiden Faktoren. Wenn einer ansteigt, steigt das gesamte Risiko an. Wenn einer auf null fällt, gibt es kein Risiko. Wenn die Wahrscheinlichkeit = 1 ist, also aus dem Risiko ein Problem wird, sollte das Risiko den Wert der Auswirkungen darstellen.

In der Gefahrenanalyse wird diese Berechnung noch um zwei weitere Faktoren erweitert, nämlich die Kontrollierbarkeit und die Integrität einer Funktion (Abb. 1.4). Ein kontrollierbares Risiko ist im Eintrittsfall beherrschbar, während ein wenig kontrollierbares Risiko unbeherrschbar ist, und damit sofort Konsequenzen nach sich zieht. Das ist auch ein Grund, weshalb gleiche Risiken im Flugzeug eine höhere Risikobewertung erhalten als beispielsweise im Kraftfahrzeug. Wenn das Flugzeug in der Luft ist, ist es kaum kontrollierbar, denn es kann abstürzen. Es gibt keinen inhärent sicheren Zustand in der Luft, anders als beim Fahrzeug, das die ganze Zeit auf dem Erdboden ist. Die Integrität einer Funktion beschreibt die zusätzlichen Maßnahmen, die getroffen werden sollten, um das Risiko wieder entsprechend einem tolerierten Risiko abzuschwächen.

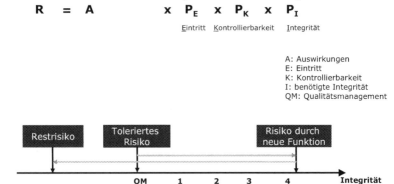

$$\text{Risiko} = \text{Auswirkungen} \times \overbrace{\text{Wahrscheinlichkeit}}$$

$$\mathbf{R} = \mathbf{A} \quad \times \quad \underbrace{\mathbf{P_E} \quad \times \quad \mathbf{P_K} \quad \times \quad \mathbf{P_I}}_{\text{Eintritt} \quad \text{Kontrollierbarkeit} \quad \text{Integrität}}$$

A: Auswirkungen
E: Eintritt
K: Kontrollierbarkeit
I: benötigte Integrität
QM: Qualitätsmanagement

Abb. 1.4 Risikoklassifizierung in der Gefahrenanalyse

Wir wollen das Risiko im Softwaregeschäft mit einem einfachen **Beispiel** illustrieren. Nehmen wir **Softwarefehler**. Bei der Durchführung komplexer Aufgaben machen Menschen Fehler. Aus vielen Erfahrungen von ganz unterschiedlichen Projekten, Programmiersprachen, Dokumenten und Branchen weiß man, dass ein Entwickler durchschnittlich einen Fehler pro zehn Zeilen manuell geschriebenem Code macht. Dieser Eckwert gilt übrigens auch für andere manuell erstellte Dokumente, wie Spezifikationen oder Entwurfsbeschreibungen. Von diesen Fehlern wird ungefähr die Hälfte bereits durch den Entwickler entdeckt. Die restlichen Fehler verbleiben zunächst einmal im Code. Sie verhalten sich wie Minen. Sie sind schwer zu finden und ohne Folgen, solange man nicht vom geräumten (getesteten) Weg abkommt. Beim Berühren allerdings verursachen sie Schäden. Testen allein schafft keine Sicherheit, da nur einzelne Wege geräumt werden und wir nicht wissen, ob es die richtigen Wege sind. Daher müssen verschiedene Maßnahmen eingesetzt werden, die Fehler finden, die dem Test entgehen könnten, beispielsweise Reviews oder statische Code-Analysen. Disziplinierte Entwickler setzen eine Mischung dieser Verifikationstechniken ein, um das ganze Feld zu säubern und nicht nur einen Weg. Allerdings kosten diese Techniken

Zeit und Aufwand, sodass man die optimale Mischung sorgfältig abwägen muss.

So wie die Fehler zum gerade erstellten Code gehören, sind Risiken in IT- und Software-Projekten Teil unseres Geschäfts. Sie haben Auswirkungen auf alle Projektparameter. Sie müssen im Unternehmens-, System- oder Produkt-Kontext betrachtet werden. Viele werden nie eine Rolle spielen, aber einzelne können uns das Genick brechen, wenn sie nicht herausgefiltert und behandelt werden. Genau dies passiert im Risikomanagement: Risiken werden erkannt, analysiert, bewertet, und bestimmte Risiken dann mit ausgewählten Techniken abgeschwächt.

Das **Ziel des Risikomanagement** ist es, potenzielle Probleme zu identifizieren, bevor sie auftreten und dann entsprechende Maßnahmen zur Behandlung dieser Risiken zu planen und durch den gesamten Lebenszyklus des Projekts oder Produkts auszuführen, damit die Risiken nicht zum Problem werden und damit die Projektziele gefährden. Das Ziel ist, Risiken zu kontrollieren – nicht sie zu vermeiden!

Der Project Management Body of Knowledge (**PMBOK**) widmet dem projektspezifischen Risikomanagement eines seiner neun „Knowledge Areas" und unterstreicht damit die Bedeutung des Risikomanagement für das Projektmanagement. Es definiert den Begriff des Risikos als „unsicheres Ereignis oder Bedingung, die im Eintrittsfall einen positiven oder negativen Effekt auf die Projektziele hat." Risikomanagement wird definiert als „systematischer Prozess der Identifikation, Analyse und Antwort auf ein Projektrisiko". Risikomanagement umfasst die Maximierung der Wahrscheinlichkeit und Folgen von positiven Ereignissen und die Minderung von Wahrscheinlichkeit und Folgen aus Ereignissen, welche die Projektziele gefährden.

Risikomanagement ist eine Managementtechnik, die sich mit dem systematischen Identifizieren, Analysieren, Dokumentieren und Behandeln von Risiken befasst. Risiken können sowohl in einem Projekt auftreten (dann ist das Risikomanagement Teil des Projektmanagement) oder in einer Produktlinie oder einem Markt (dann ist Risikomanagement Teil des operativen oder strategischen Management). Es geht dabei um die Einwirkung auf ursächliche Einflüsse, die zu einem Problem führen können. Entscheidend für gutes Risikomanagement ist es, frühzeitig und proaktiv einzugreifen. Um sich nicht in Details zu verlieren, geht es im Risikomanagement darum, nur die wichtigsten Gefahrenquellen auszuloten und abzuschwächen.

Risikomanagement orientiert sich an der Wahrscheinlichkeit und an den Folgen. Es geht also nicht um die Behandlung der resultierenden Probleme, die entstehen, wenn Risiken nicht rechtzeitig gemindert wurden. Beim Risikomanagement geht es um Aufgaben, die – zusätzlich zum regulären Geschäft – ausgeführt werden, bevor das Risiko zum Problem wird. Diese zusätzlichen Aufgaben erfordern zusätzlichen Aufwand, der im Projekt oder im Geschäftsprozess eingeplant werden muss. Um beispielsweise das Risiko von Mitarbeiterverlust in einem kritischen Projekt zu reduzieren, werden in der Regel zusätzliche Mitarbeiter von Beginn fest eingeplant. Sie arbeiten im Projekt mit und stehen zur Verfügung, falls es zu Ausfällen kommt. Damit ist die Wahrscheinlichkeit, dass das Risiko zum Problem wird, reduziert – aber gleichzeitig wird das Projekt teurer. Gutes Risikomanagement optimiert die verschiedenen Aufgaben dahingehend, dass das Gesamtrisiko minimiert wird unter der Randbedingung, dass die zusätzlichen Kosten, Aufwände oder Verzögerungen minimal bleiben.

Erfolgreiche Projekte nutzen die folgenden Maßnahmen zum Risikomanagement:

- Budgetierung und Projektplanung orientieren sich an reproduzierbaren Einflussfaktoren (z. B. Markt, Kunde, Wettbewerber, Erfahrungen)
- Arbeitsergebnisse werden geplant und verfolgt
- Freigabekriterien werden vor der nächsten Aktivität geprüft
- Kontrollinstrumente werden auf jeder operativen Ebene als Unterstützung begriffen und selbstständig und zielorientiert eingesetzt und verfeinert (z. B. Unternehmensleitung und mittleres Management nutzt Score Cards und standardisierte Fortschrittsindikatoren; Projektmanager nutzen ein Projekt-Informationssystem und Techniken zur Vorhersage von Terminen und Zuverlässigkeit; Mitarbeiter in allen Bereichen kom-

munizieren Risiken und tragen dazu bei, dass sie nicht zu
Problemen werden)
• Mitarbeiter sind gut ausgebildet.

1.3 Beispiel: Unsichere Anforderungen

Wenn wir von einer Anforderung wissen, dass sie noch nicht stabil ist
und ihr Änderungsaufwand durch Einflüsse auf die Architektur nicht un-
beträchtlich wäre, dann haben wir ein typisches Projektrisiko. Typisch ist
es, weil Anforderungen nie stabil sind – und wenn sie stabil sind, dann
bieten sie auch kaum Chancen im Projekt. Nicht gemanagte Anforde-
rungsrisiken sind der häufigste Grund für Projektverzug.

Praktisches Risikomanagement klärt zuerst, wie hoch die Änderungswahrscheinlichkeit ist. Ein guter Produktmanager oder Projektmanager
bewertet während der Anforderungsentwicklung die Unsicherheit und
die Chancen der Anforderung. Dann unterscheidet er Anforderungen anhand ihrer Chancen oder Nutzen und anhand ihrer Risiken und Kosten.
Für die als nicht so stabil angenommenen Anforderungen wird im nächsten Schritt der Anforderungsanalyse betrachtet, wie groß der jeweilige
Einfluss auf Architektur und Design ist. Damit haben Sie die zwei wesentlichen Einflussparameter dieses Risikos aus dem Requirements Engineering bereits im Blick: Die Wahrscheinlichkeit einer Änderung der
Anforderung sowie deren Einfluss auf das Projekt bestimmen zusammen,
wie groß das Risiko dieser Anforderung für das Projektgelingen ist.

Eine wichtige Eigenschaft des Risikomanagement ist es, nicht alle
Risiken zu betrachten, sondern nur wenige kritische. Typischerweise versucht ein Projektmanager zwischen drei und zehn Projektrisiken im Auge
zu behalten. Das hat mit Komplexitätsreduktion zu tun, denn Risikomanagement ist auch Projektaufwand, und es macht wenig Sinn, zu viele
hypothetische Szenarien kontinuierlich im Auge zu behalten, wenn es
bereits schwer genug ist, das Projekt selbst sauber zu kontrollieren. Nun
werden Maßnahmen untersucht, die dabei helfen, das mit den instabilen
Anforderungen verbundene Risiko abzuschwächen. Je nach Anforderungen und Ähnlichkeit der Konsequenzen von Änderungen wird man ein-

zelne instabile Anforderungen betrachten oder aber alle instabilen Anforderungen gemeinsam. Im Fall einer einzigen instabilen Anforderung mit hohem Projektrisiko (z. B. wenn sich die derzeitige Architektur ändern könnte oder wenn wesentlicher zusätzlicher Aufwand nötig wäre, um die Änderungen einzuarbeiten) wird der Projektmanager im Requirements Engineering versuchen, das Design so aufzusetzen, dass die Änderung bestmöglich abgefangen werden kann.

Während der Ermittlung der Anforderungen fragt der Projektmanager, auf welche Weise sich die Anforderung ändern kann. Dann kann er versuchen, die möglichen Optionen im Design abzufangen. Diese Vorgehensweise wird auch als „Design for Change" bezeichnet und wird vorzugsweise bei eingebetteten Systemen oder bei gemischten Hardware- und Softwaresystemen eingesetzt, wo die Hardwarekomponenten sich mit hoher Wahrscheinlichkeit während der Produktlebensdauer ändern werden. Ähnlich sieht es aus, wenn eine Softwarekomponente eingesetzt wird, die man nicht kontrollieren kann. Dies gilt für Middleware wie Betriebssysteme oder Datenbanken. Auch hier sollte der Designer versuchen, mögliche Änderungen bereits frühzeitig abzufangen. Ein Grund übrigens dafür, keine Direktzugriffe in ein Betriebssystem oder eine Datenbank vorzunehmen, sondern sich immer an den stabilen und definierten Zugriffsroutinen zu orientieren.

Eine andere Vorgehensweise bei einer solchen kritischen Anforderung ist es, sie sehr frühzeitig zu entwickeln, um den Kunden mit den Realisierungsentscheidungen zu konfrontieren und deren Folgen besser ausloten zu können. Das gilt vor allem für Funktionen, die das Betriebsverhalten insgesamt stark beeinflussen. Wenn das Lastverhalten noch nicht ganz klar ist, sollten Szenarien durchgespielt werden, die kritische Kombinationen aufdecken. Dann kann die Architektur so gewählt werden, dass sie lastabhängig leicht skalierbar ist und damit auch wachsen kann, wenn sich herausstellt, dass das System doch anders oder stärker genutzt wird als ursprünglich angenommen.

Bei einer größeren Zahl von Anforderungen, die sich im Projektverlauf ändern können, sind Einzelmaßnahmen nicht praktisch. Ein probates Mittel ist dann, sie in spätere Inkremente zu verlagern, nachdem der Entwurf so ausgelegt wurde, dass die Änderungen abgefangen werden könnten. Wenn sich mehrere solcher Anforderungen beeinflussen können, wird man sie in ein bestimmtes Inkrement legen, um Mehrarbeit zu vermeiden. Manche Anforderungen kann man auch durch Prototyping klären und damit ihr Änderungsrisiko mindern. Dies gilt beispielsweise für Benutzerschnittstellen oder bei neuen noch nicht bekannten technischen Umgebungen, in die Software eingebettet wird.

Mit diesen verschiedenen Szenarien hat der Projektmanager nun die hoffentlich richtige Antwort auf die unsichere Anforderung gefunden und wird durch das Projekt hindurch verfolgen, ob das Risiko eintritt (die Anforderung sich doch noch ändert) oder ob das Risiko hinreichend abgeschwächt wurde.

Das Beispiel zeigt auch, dass Risikomanagement nichts mit zukünftigen Entscheidungen zu tun hat, sondern mit den Auswirkungen heutiger Entscheidungen auf die Zukunft. Risikomanagement ist eine elementare Managementtechnik. Die Qualität des Risikomanagements entscheidet heute darüber, welchen Problemen das Unternehmen morgen ausgesetzt ist.

1.4 Nutzen von Risikomanagement

Erfolgreiche Manager sind gute Risikomanager, denn sie betrachten zu jeder Zeit die relevanten Risiken. Sie wissen um den **Nutzen** eines guten Risikomanagement:

- Fokussierung der begrenzten Ressourcen auf wenige Risiken, die dem Projekt am ehesten gefährlich werden können;
- Erfolgreiche Abschwächung von Risiken verhindert Probleme und reduziert damit Zeit und Aufwand;
- Bessere Wahrscheinlichkeit, die Produkte dem Kunden rechtzeitig mit den richtigen Inhalten und der geforderten Qualität im geplanten Budget zu liefern;
- Weniger Überraschungen im Projekt – und damit für das Management und die Kunden;
- Verbesserte Planung und Projektarbeit und damit mehr Motivation der Mitarbeiter und weniger Burn-Out;
- Ergreifen von Chancen statt Diskussionen um Fehler und Probleme.

Risikomanagement hat unterschiedliche Perspektiven. Es dient der Vorbeugung von Problemen, die Sie nicht tragen können oder wollen. Es dient der Abschwächung jener Geschäftsrisiken, für die Sie bezahlt werden. Es dient dem Schutz vor Klagen, Prozessen oder einem zu hohen finanziellem Verlust. Und es wird zunehmend vom Gesetzgeber sowie von Banken bei der Kreditvergabe erwartet.

Konkrete Nutzen werden nur selten quantifiziert, da gutes Risikomanagement im Tagesgeschäft so eingebettet ist, dass die Nutzen nicht gesondert auffallen und explizit herausgerechnet werden können. Es gibt jedoch einige konkrete Beispiele, die in den vergangenen Jahren berichtet wurden.

Hughes Aircraft führt eine um zehn Prozent verbesserte Liefertreue auf den Einsatz von Risikomanagement zurück. Gleichzeitig wurden die Projektkosten signifikant reduziert. *Rockwell Collins* verbesserte seinen Projektkosten-Index um fünfzehn Prozent mit der Einführung von Risikomanagement. Das Project Management Institute (PMI) zeigte in einer Benchmarking Studie, dass der Projekterfolg stark mit dem erfolgreichen Einsatz von Risikomanagement korreliert. Dieser Benchmark zeigt allerdings auch, dass Risikomanagement von allen Techniken des Projektmanagement die am wenigsten genutzte ist. Dies gilt insbesondere in der Softwareentwicklung. Als **ROI** wurde in den Studien ein Wert von durchschnittlich 10 : 1 berichtet. Dieser vergleichsweise hohe Nutzeffekt resultiert aus minimalen Kosten für das Risikomanagement verbunden mit einem durchschlagenden Erfolg.

Gutes Risikomanagement verbessert die Qualität und Vorhersehbarkeit im Projekt. Es erzieht die Mitarbeiter zu einer normalisierten Risikokultur, die es erlaubt, beherrschbare Risiken in Kauf zu nehmen, und nicht als unkontrollierbare Gefahr zu sehen. Es erlaubt eine – begrenzte – negative Denkweise ohne gleich als Schwarzseher abgestempelt zu werden. Risikomanagement macht die „Eigner" von Risiken für alle Parteien klar und verhindert, dass jeder denkt, der andere würde schon reagieren.

Risikomanagement entkriminalisiert Risiken. Es zeigt die Grenzen unseres Sicherheitsdenkens und erlaubt mit einer begrenzten Unsicherheit konkret zu arbeiten („known unknowns" statt „unknown

Abb. 1.5 Vom Risiko zum
Problem

Risiko + Ignoranz = Problem

unknowns"). Es eliminiert nicht alle Probleme, aber verhindert, dass die kritischen Probleme überraschend auftreten.

Am wichtigsten jedoch ist, dass Risikomanagement die Ignoranz stoppt, die aus Risiken erst Probleme macht. Unser Problem sind wie gesagt nicht die Risiken, denn die gehören zum Geschäft. Das größte Problem ist, dass wir zu oft ignorieren, was schon in der Luft liegt. Wir verlassen uns darauf, dass es schon irgendwie gut geht. Abbildung 1.5 zeigt dieses Verhalten anhand einer ganz einfachen Gleichung. Die meisten Probleme entstehen aus nicht ernst genommenen Risiken. Die Tageszeitungen und Internetforen sind voll von solchen Risiken. Und wenn sich jemand damit proaktiv an die Öffentlichkeit wagt, weil er keine Chance mehr sieht, es selbst aufzulösen, wird er als „Whistleblower" kriminalisiert.

Risikomanagement bedeutet eine Kulturänderung, in der proaktiv Unsicherheiten angepackt werden, bevor sie zum Problem auswachsen.

Risiken und Nutzen wachsen parallel. Ohne Risiken ist das Projekt nicht wert, in Angriff genommen zu werden. Wir werden dafür bezahlt, dass wir Risiken tragen und verhindern, dass sie zum Problem werden. Risiken müssen in Kauf genommen werden, um wettbewerbsfähig zu bleiben. So banal und verkürzt lässt sich das Softwaregeschäft in unserem – teuren – Teil der Welt darstellen. Wenn Ihr Projekt keine Risiken hat, haben Sie Ihre Hausaufgaben noch nicht gemacht (und wissen gar nicht, was da draußen auf Sie lauert) oder aber, Sie arbeiten in einem Geschäftsfeld, das bereits morgen durch günstige Anbieter aus einem Niedrigkosten-Land oder aber durch Open Source Software übernommen werden kann.

1.5 Risikomanagement ist ein Prozess

Risikomanagement ist ein **zyklischer (sich wiederholender) Prozess** aus den vier Tätigkeiten der Identifizierung, der Bewertung, der Abschwächung und der Kontrolle von Risiken. Abbildung 1.6 mit dem Kreis und den vier Pfeilen symbolisiert diese zyklische Abfolge der vier Schritte. Zyklisch sind die Schritte deshalb, weil die Risiken in der Regel nicht sofort und endgültig eliminiert sind. Risiken holen den ein, der sich zurücklehnt und ihnen ignorant gegenüber steht. Daher wird der Effekt der Abschwächung durch die Risikokontrolle verfolgt. Und darauf folgt eine neue Risikoidentifizierung, denn es könnten ja neue Risiken entstanden sein. Alle vier Tätigkeiten gruppieren sich um eine Strategiekomponente, die den Prozess des Risikomanagement orchestriert. Beispielsweise benötigt die Identifizierung von Risiken Checklisten, die aus einem betrieblichen Rahmen abgeleitet werden. Die Bewertung der Risiken benötigt einen Rahmen, der signalisiert, ab wann Risiken und deren Folgen für die Unternehmung nicht mehr tragbar sind, da der Geschäftserfolg nachhaltig beeinflusst werden könnte. Die Abschwächung schöpft aus einem Fundus bereits erfolgreicher Maßnahmen. Und die Kontrolle bringt den Fortschritt der Risikoabschwächung ins Verhältnis zu neu aufgetretenen Risiken und dem verfügbaren Aufwand zu ihrer Abschwächung.

Abb. 1.6 Die fünf Elemente des Risikomanagement

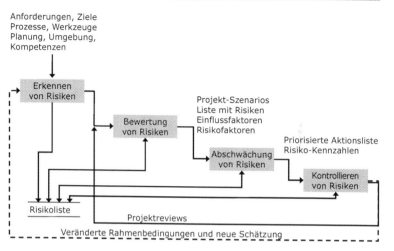

Abb. 1.7 Risikomanagement: Operativer Prozess

Abbildung 1.7 zeigt den operativen Prozess des Risikomanagements. Wieder sind die vier grundlegenden Tätigkeiten erkennbar – dieses Mal als miteinander verbundene Kästchen, um Abhängigkeiten darzustellen. Wie bereits im vorigen zyklischen Bild folgen die vier Basistätigkeiten des Risikomanagement aufeinander. In der Reihenfolge von Identifizierung, Bewertung, Abschwächung und Kontrolle gibt es keine Änderung – dies wäre auch wenig sinnvoll. Auch überspringen lassen sich einzelne Schritte nicht. Allerdings werden nun mehr Details sichtbar. Beispielsweise gibt es eine Risikoliste, die alle identifizierten Risiken sammelt und katalogisiert. Häufig wiederholen sich Risiken, und dann ist es interessant, zu sehen, was in der Vergangenheit bereits funktioniert hat und was nicht. Projektreviews sind eine wichtige Technik der Risikokontrolle. Sie münden direkt in die Bewertung der Risiken ein, denn es kann passieren, dass im Projektreview die Randbedingungen so entscheidend geändert werden, dass das Risiko veränderte Auswirkungen hat. Wir stellen allerdings fest, dass in dieser Darstellung noch kein Platz für die Strategiekomponente ist. Es handelt sich um den Basisprozess des **operativen Risikomanagement**. Operativ ist das Risikomanagement, da alle Schritte konkrete und kurzfristige Resultate liefern müssen.

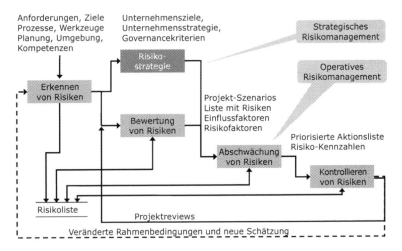

Abb. 1.8 Risikomanagement: Strategische Komponente

Nach diesem Prozess für das operative Risikomanagement wollen wir nun noch jene Komponenten hinzufügen, die aus strategischer Sicht nötig sind. Abbildung 1.8 zeigt ein weiteres Kästchen, das die **Risikostrategie** darstellt und wie bereits in unserem kreisförmigen Diagramm Einfluss auf praktisch die anderen vier Teilprozesse des Risikomanagements hat. Diese strategische Komponente orientiert sich an den Unternehmenszielen und der Strategie des Geschäftsbereichs oder der Abteilung. Das kann beispielsweise eine priorisierte Liste der Kunden sein, die dabei hilft, bei Anforderungsänderungen reproduzierbar zu entscheiden, welche Kunden oder Märkte bevorzugt bedient werden – und zu welchen Kosten. Die strategische Komponente gibt auch Aufschluss darüber, welche Puffer in bestimmten Projekttypen zur Verfügung stehen, um Verzögerungen oder Schätzungenauigkeiten abzufedern.

Mit diesem Prozess haben wir auch bereits den Unterschied zwischen dem operativen Risikomanagement (im Projekt und im Tagesgeschäft direkt ausgeführt) und dem strategischen Risikomanagement (beeinflusst das Tagesgeschäft und wird durch längerfristige und gesamtheitliche Sichtweisen orchestriert) kennen gelernt. Dieser Prozess des Risikomanagement stellt sicher, dass mögliche Konsequenzen von Entscheidungen berücksichtigt werden sowie Aufgaben geplant werden, die bei Eintritt eines vorher definierten auslösendes Ereignisses ausgeführt werden müssen. Das Risikomanagement liefert also in der Identifizierung und Bewertung immer Szenarien der Form „Was wäre, wenn ..." (so genannte „What-if-Szenarien").

Das **operative Risikomanagement** betrachtet eine konkrete, kurzfristig relevante Aufgabe oder Fragestellung und bewertet das Risiko dahinter. Dazu gehören Verzögerungen im Projekt durch Mangel an den richtigen Ressourcen oder aber technische Risiken durch den Ausfall eines Lieferanten.

Das **strategische Risikomanagement** dagegen hat eine Perspektive auf das ganze Unternehmen und bewegt sich damit weit oberhalb einzelner Projekte. Es kann dabei helfen, aus der Sicht eines Projektportfolios bestimmte Projekte zu beenden – was für einen Projektmanager niemals in Frage kommen würde. Es liefert eher langfristige Regeln, die für das operative Geschäft anwendbar sind.

Strategisches und operatives Risikomanagement beeinflussen sich gegenseitig. Das operative Risikomanagement hilft beim Bewerten und nutzt Checklisten und Bewertungsmodelle, die auf das konkrete Unternehmen zurechtgeschnitten sind. Das strategische Risikomanagement dagegen liefert solche Checklisten, verbessert sie kontinuierlich aufgrund sich verändernder Rahmenbedingungen und baut sie in einen gemeinsamen Kontext ein.

> Risikomanagement setzt definierte und gelebte Prozesse voraus (z. B. Requirements Engineering), um ad-hoc Krisenmanagement und Feuerwehreinsätze zu verhindern. Wie alle Geschäftsprozesse benötigt es einen explizit geplanten Aufwand mit Verantwortungen und Terminen, um Risiken erfolgreich abzuschwächen.

Risiken erkennen 2

2.1 Arten von Risiken

Um Risiken zu beherrschen, muss man sie kennen. Der erste Schritt dazu ist, die Risiken zu identifizieren. Machen Sie sich dabei klar, dass es ganz unterschiedliche Arten von Risiken gibt. Oftmals beschränkt sich Risikomanagement darauf, einige bekannte Risiken, wie Anforderungsänderungen oder Lieferantenverzug zu betrachten, während andere Bereiche komplett vernachlässigt werden. Sie müssen die Identifikation sehr systematisch durchführen, um sicherzustellen, dass Sie Ihre begrenzten Ressourcen mit dem größtmöglichen Nutzen einsetzen. Wir unterscheiden folgende Arten von Risiken:

- **Technische Risiken** (z. B. neue Technologien werden eingesetzt, die noch nicht beherrscht werden; externe Komponenten haben nicht die zugesagten Eigenschaften; Lieferanten halten sich nicht an die Absprachen und liefern zu spät oder unzureichende Qualität; Patente von Wettbewerbern behindern die Produktentwicklung).
- **Implementierungsrisiken** (z. B. gewählte Architektur und Design erweisen sich im Projekt als unzureichend, um alle Anforderungen zu erfüllen; nichtfunktionale Anforderungen können nicht erfüllt werden; Anforderungen ändern sich ständig; die Qualität der Lösung ist zu schlecht; die Lösung lässt sich nicht integrieren; der Entwicklungsprozess ist unzureichend oder wird nicht mehr beherrscht; Werkzeuge funktionieren nicht wie erwartet).

C. Ebert, *Risikomanagement kompakt*, IT kompakt,
DOI 10.1007/978-3-642-41048-2_2, © Springer-Verlag Berlin Heidelberg 2013

- **Wirtschaftliche Risiken** (z. B. Ressourcen stehen nicht zur Verfügung wie sie geplant sind; Budgetengpässe oder -überschreitungen; unzureichender Cash Flow aus fertigen Produkten).
- **Industrielle Risiken** (z. B. Lieferanten sind nicht mehr lieferfähig oder ändern die Preise unerwartet; Outsourcing-Lieferanten liefern nicht, wie es vereinbart wurde; Offshoring oder Outsourcing innerhalb des Projekts läuft nicht wie erwartet und führt zu Kostensteigerungen oder Verzug; Kunden wollen unerwartet andere Standards und Funktionen).
- **Geschäftsrisiken** (z. B. die Kunden oder Märkte entscheiden sich gegen Ihr Produkt; die Risiken Ihrer Kunden und Märkte; Wettbewerber treten unerwartet mit einem anderen, besseren Produkt auf; Produkte und Portfolio passen nicht mehr zu den Marktanforderungen; kritisches Know-how wandert unerwartet ab).

Zusätzlich unterscheiden wir zwischen operativen und strategischen Risiken:

- **Operative Risiken** (dies sind die täglichen Unsicherheiten innerhalb eines Projekts, die kurzfristig beherrscht werden müssen, um das Projekt erfolgreich abzuschließen). Operative Risiken haben Einfluss auf Zeitrahmen, Kosten, Inhalte, Qualität oder Funktionalität – also die Risikoarten, die wir oben bereits diskutiert haben.
- **Strategische Risiken** (langfristige Einwirkungen auf das Unternehmen, die heute behoben werden müssen, um nicht zu einer unternehmensweiten Gefahr zu werden).

Oftmals werden strategische Risiken zu spät behandelt, weil man sich in den operativen Risiken und den daraus folgenden Problemen verzettelt. Viele Projekte werden mühsam fertig gestellt, um nachher festzustellen, dass sie die falschen Funktionen haben und sich nicht so gut verkaufen, wie es prognostiziert wurde.

An einem kleinen Beispiel lässt sich dieses Zusammenspiel verschiedener Risikoarten erkennen. Das Risiko ist, dass eine zugelieferte externe Komponente fehlerhaft ist. Daraus folgt ein unmittelbares technisches Risiko, nämlich dass die Software nicht wie erwartet funktioniert. Daraus resultiert ein Kostenrisiko, denn zusätzlicher Aufwand muss eingesetzt werden, um den Fehler zu beheben oder eine andere Strategie zu implementieren. Daraus resultiert ein zeitliches Risiko, denn der Zusatzaufwand wirkt sich auf geplante Meilensteine aus. Daraus schließlich erwächst das Risiko, dass das Produkt zu spät an den Markt oder zum Kunden kommt, und die Ausfälle oder Strafzahlungen unser Unternehmen empfindlich belasten.

Risiken verhalten sich wie der berühmte Schmetterling in Asien, dessen Flügelschlag sich aufgrund von Nichtlinearitäten bis hin zum Tropensturm verstärken kann, mit allen vorstellbaren Folgen. Bei Konsequenzen aus Risiken sollten Sie daher vorsichtig sein, denn in der Regel sind die bedingten Wahrscheinlichkeiten eher gering, während die Analyse aufgebläht wird bis zu dem Punkt, wo Sie sich selbst lähmen („Paralysis by Analysis"). Anstatt also im obigen Beispiel bis zum Extrem zu gehen, sollten Sie eher die Ursache frühzeitig erkennen und dieses eine Risiko entsprechend beherrschen. Parallel dazu genügt es, das strategische Risiko einer zu späten Lieferung (die ja sehr viele Gründe haben kann) mit dedizierten Maßnahmen zu mindern. Alle anderen Risiken, die dazwischen liegen, werden dann nicht weiter betrachtet.

2.2 Techniken zur Risikoerkennung

Risiken können auf unterschiedliche Arten identifiziert werden. Am wichtigsten ist dazu eine Kultur, die es erlaubt, über Risiken zu sprechen und sie rechtzeitig zu behandeln. Die folgenden Techniken haben sich als hilfreich herausgestellt:

- **Brainstorming.** Diese offene Technik ist generell immer ein probates Mittel, um in kurzer Zeit viele Risiken zu identifizieren. Allerdings sollte Brainstorming niemals als einzige Technik eingesetzt werden, denn es liefert systematische Fehler durch Gruppendruck, Betriebsblindheit und Vorurteile.
- **SWOT-Analyse** (Strengths, Weaknesses, Opportunities, Threats). Das Projekt wird hinsichtlich der strategischen Risiken seiner Umgebung betrachtet. Die Stärken und Schwächen einer Organisation sowie der Chancen und Bedrohungen im Projekt oder im Markt helfen dabei, solche strategischen Risiken zu identifizieren. Oftmals sind

solche Bedrohungen sehr viel fundamentaler und in ihren Auswirkungen dramatischer als viele individuelle Projektrisiken, die beim
Brainstorming auf den Tisch kommen. Die SWOT-Analyse soll beispielsweise hinterfragen, ob das richtige Produkt entwickelt wird.

- **Konkrete Bedrohungsszenarien** werden entwickelt. Bedrohungsszenarien erwachsen aus der Frage „Was wäre, wenn …?". Sie
beginnen nicht mit dem konkreten Problem, wie bei anderen Identi-
fikationstechniken, sondern spielen einfach einen Fall durch, um zu
sehen, ob er einen ungünstigen Verlauf nehmen könnte. Szenarien
sind in der Regel einfach aufzusetzen und erreichen einen Blick auf
operative Zusammenhänge und Geschäftsprozesse.

- **Frühere Probleme, Erfahrungen sowie Ergebnisse aus der Ursachenanalyse** früherer Probleme. Die wohl wichtigste Quelle von
Risiken sind frühere Probleme, die Sie bereits kennen gelernt haben.
Voraussetzung ist allerdings, dass die relevanten Probleme systematisch untersucht und katalogisiert werden. Empfehlenswert ist es, alle
Projekte, welche die Erwartungen – aus welchen Gründen auch immer – nicht eingehalten haben, auf ihre Ursachen hin zu analysieren.
Oftmals gab es verschiedene Ursachen, und in aller Regel sind die Ursachen nicht nur auf der technischen (Softwareentwicklung, IT) Seite
zu finden. Solche Untersuchungen dienen der Prozessverbesserung
(z. B. Änderungsmanagement oder Schätzverfahren) und einer Kultur
der Zusammenarbeit zwischen verschiedenen Funktionen (z. B. Entwicklung, Produktmanagement und Vertrieb) im Unternehmen.

- **Interviews mit den relevanten Gruppen im Projekt.** Viele Risiken resultieren aus unklaren Schnittstellen und Erwartungen. Da die
verschiedenen Gruppen und Funktionen (z. B. Fachbereiche) in aller
Regel viel zu schlecht kommunizieren, ist es hilfreich, sie einzeln zu
befragen, um daraus ein Stimmungsbild zu erhalten, das in seiner Gesamtheit auf Risiken hinweist. Solche Interviews sind vor allem bei
großen und komplexen Projekten relevant.

- **Konfliktanalyse.** Diese Technik kommt aus der Diplomatie und betrachtet Interessensphären und Zielkonflikte, die Ihr Projekt beeinflussen könnten. Schauen Sie dazu auf Ihr Projekt und seine Umgebung
aus einer externen Perspektive. Identifizieren Sie die Interessengruppen und Schlüsselpersonen, die auf Ihr Projekt oder Produkt Einfluss
nehmen könnten. Zeichnen Sie ein Bild mit diesen Schlüsselperso-

nen und deren Beziehung zum Projekt und untereinander (Bedürfnisse, Ziele). Welche Beziehungen sind wichtig für das Projekt? Welche Konfliktpotenziale erwachsen? Wer hat Interesse am Erfolg oder Scheitern des Projekts? Identifizieren Sie die Win-Win-Möglichkeiten für die Schlüsselpersonen – und die verbundenen Risiken. Wer wird durch diese Risiken wie beeinträchtigt? Wer könnte beim Abschwächen nützlich sein (z. B. durch persönliches Engagement, Budget oder Ressourcen)?

- **Checklisten.** Checklisten sind eines der wichtigsten Instrumente, um Risiken zu identifizieren. Sie basieren auf Erfahrungen in anderen Umgebungen oder in früheren Projekten und werden für spezifische Randbedingungen angepasst. Im nächsten Teilkapitel stellen wir solche Checklisten vor. Checklisten verführen dazu, nur auf bekannte Themen zu schauen. Formulieren Sie die Checklisten, so dass sie stimulieren, über das Bekannte hinauszuschauen.

- **Werkzeuge.** Werkzeuge automatisieren das Arbeiten mit Checklisten. Sie kombinieren Fragen und Checks, die zusammengehören, so dass die Befragung systematisch und gleichzeitig stärker fokussiert wird, als dies mit manuellen Checklisten der Fall ist. In einem derartigen Werkzeug sind in der Regel sehr viele hundert Checks implementiert, die zu einem großen Teil untereinander zusammenhängen. Wenn eine bestimmte Frage positiv beantwortet wurde (z. B. die Projektinhalte sind technisch neu), werden spezifische weitere Fragen zu technischen und industriellen Risiken gestellt, die bei einem Erweiterungsprojekt gar nicht erst in Frage kommen.

> Sinnvollerweise werden verschiedene Techniken zur Erkennung von Risiken kombiniert und kommen situativ zum Einsatz.

Checklisten sollten immer das Grundgerüst Ihrer Identifizierung bilden. Sie werden aufgrund eigener Erfahrungen angepasst und können wie in anderen Risikodisziplinen (z. B. Krankenhaus, Flugzeuge) einem schnellen Überprüfen von Randbedingungen dienen. Zusätzlich sollte Brainstorming zu Beginn des Projekts eingesetzt werden. Es gibt den Schlüsselpersonen oder Projektmitarbeitern die Chance, direkt Ihre Ängste zu kommunizieren – und dem Projektmanager und anderen Führungskräften die Möglichkeit, Einzelgespräche zu suchen, um die Bedrohungen besser zu verstehen und an der Ursache zu bekämpfen. Schließlich werden einzelne Techniken, wie die Konfliktanalyse opportunistisch eingesetzt, wenn Bedrohungen aus dem Projektumfeld zu erwarten sind.

Risikobeurteilung hängt sehr stark von unserer Risikowahrnehmung ab. Die Wahrnehmung wird neben der Unternehmenskultur von Moden, Meinungen, Moralvorstellungen und zahllosen anderen Einflussfaktoren geprägt. Diese Randbedingungen der Risikowahrnehmung führen mit den anerzogenen oder erlernten Einstellungs- und Verhaltensmustern zur persönlichen Risikowahrnehmung, die aufgrund psycho-sozialer Unterschiede bei jedem Entscheider anders ausfallen kann. Was für den Einen aufgrund seiner Risikoaversion ein Unsicherheit stiftendes Risiko ist, braucht für den Anderen aufgrund dessen Risikofreude noch lange keine Unsicherheit zu provozieren („no risk no fun"). Risikobewertung hängt also von der individuellen Risikoeinstellung und der dadurch beeinflussten subjektiven Risikowahrnehmung ab. Checklisten und vor allem formalisierte Bewertungsschemata dienen daher auch dazu, die Risikowahrnehmung anzugleichen.

Bei Projekten mit hohem geschäftlichem Risiko wird die Risikobewertung von verschiedenen unabhängigen Gruppen durchgeführt. Schlüsselpersonen, die das Projekt unbedingt verkaufen oder durchführen wollen, dürfen niemals alleine die Risikobewertung machen. Nach der Erfahrung des Autors in verschiedenen Unternehmen bietet es sich an, zur Risikobewertung eine externe Gruppe (z. B. Governance-Funktion, externe Berater) einzusetzen. Beispielsweise sollte die Lieferantenbewertung niemals alleine durch den Fachbereich, den Standort oder das Projekt gemacht werden, die den Lieferanten gerade brauchen.

2.3   Checklisten zum Erkennen von Risiken

2.3.1   Checkliste für die Projektanforderungen

- Wer ist der Kunde für das zu entwickelnde System? Wie definieren Sie den Markt für die zu entwickelnde Lösung?
- Wer ist nicht Kunde? Welche Anforderungen fallen weg, da sie „hausgemacht" sind oder keinen zahlenden Kunden haben?
- Welches Problem soll das System lösen?
- Welchen Nutzen kann der Kunde aus einer erfolgreichen Lösung ziehen? Was exakt muss das Projekt liefern?
- Sind die späteren Benutzer bekannt?
- Kommen die Anforderungen von der richtigen Seite? Wurde eine Partei übersehen?
- Sind die Anforderungen bekannt? Sind sie verständlich?
- Sind nichtfunktionale Anforderungen spezifiziert? Wie hängen sie zusammen? Welche davon sind die wichtigsten?
- Sind die zugrunde liegenden relevanten Annahmen, Vor- und Nachbedingungen, Eingänge und Ausgänge, Benutzer- und Systeminteraktionen oder Szenarien ausreichend beschrieben?
- Gibt es Anforderungen, die verschieden interpretiert werden können?
- Trennt die Spezifikation sauber zwischen Anforderungen (Lastenheft; Was soll das System erfüllen?) und der Lösungsbeschreibung (Pflichtenheft; Wie werden die Anforderungen implementiert?).
- Welche Anforderungen werden sich wie stark ändern?
- Welche Konflikte herrschen zwischen den beteiligten Parteien?
- Wie werden die Benutzer mit dem System kommunizieren?
- Welche Interessengruppen spielen für den Erfolg des Projekts eine Rolle? Welche Konflikte herrschen zwischen den beteiligten Parteien? Intern und extern?
- Wie sieht das Umfeld eines solchen Systems aus? Welche Einflüsse bestimmen die zu entwickelnde Lösung im Tagesgeschäft?
- Werden die minimalen nichtfunktionalen Vorgaben beschrieben (also Effizienz, Antwortverhalten, Einschränkungen in Architektur und Technologie, Sicherheit, Datenschutz, Portabilität, Wiederverwendbarkeit, wiederzuverwendende Softwarekomponenten, Wartbarkeit,

Lieferanten, Installation, Betrieb, Service, Verständlichkeit, Benutzbarkeit etc.)?
- Wie wird sich die Umgebung des Systems während des Projekts ändern? Welche späteren Änderungen (Architektur, Funktionen, Schnittstellen, Komponenten, etc.) sind absehbar?
- Sind die Anforderungen technisch machbar?
- Stehen bestimmte Anforderungen (nach Ihrer eigenen Analyse und Interpretation) im Widerspruch zu anderen Anforderungen, zur Projektvision oder zu Einschränkungen (z. B. industrieübliche Standards)?
- Sind alle Anforderungen, auch die nichtfunktionalen, prüfbar und testbar beschrieben? Gibt es Anforderungen, deren Testbarkeit oder Abnahmekriterien erst später klar werden (können)?
- Sind die Kosten und Nutzen für jede Anforderung (oder Gruppen verwandter Anforderungen) beschrieben und analysiert?
- Sind für Anforderungen, die Konflikte auslösen können, die Quellen, Nutzen und Prioritäten klar beschrieben?
- Ist in der Spezifikation beschrieben, wer über Prioritäten oder Konflikte entscheidet, wenn sie erst zur Projektlaufzeit erkannt werden?

2.3.2 Checkliste für die Projektplanung

- Sind die Schätzungen systematisch und nachvollziehbar?
- Wie wurde die Schätzung geprüft? Durch wen?
- Auf welcher Basis (Erfahrungswerte) wurden sie getroffen? Wurden die richtigen Schätzmodelle eingesetzt?
- Sind die Schätzungen an den zur Verfügung stehenden Mitarbeitern und deren Fähigkeiten orientiert?
- Welche Annahmen haben zur Schätzung geführt? Welche Unsicherheiten liegen vor?
- Welche Ereignisse und Aufgaben im Projekt wurden nicht abgeschätzt? Was könnte noch passieren und zusätzlichen Aufwand kosten?
- Welche Probleme traten in den vergangenen Projekten auf? Machen Sie einige Erfahrungsberichte von 5 bis 10 früheren Projekten und stellen Sie die 10 bis 20 häufigsten Probleme zusammen. Verbinden

Sie jedes Problem mit einer Ursache. Das sind Ihre Risiken für das
laufende Projekt.

- Wie viel Zeit steht für das Projekt zur Verfügung? Was passiert, wenn
  sich das Projekt verzögert? Wie ist der Zusammenhang zwischen gewünschten Funktionen und dem Zeit- und Budgetrahmen?
- Was wäre, wenn nur ein reduziertes Budget zur Verfügung stünde?
  Welche Inhalte würden sich verschieben? Warum?

2.3.3 Checkliste für das Projektmanagement

- Hat das Projekt eine konkrete und klar kommunizierte Vision?
- Hat das Projekt genügend Befürworter, die für seinen Erfolg kämpfen
  werden?
- Steht ausreichend Budget zur Verfügung?
- Gab es bereits Projekte mit ähnlicher Größe und Inhalt?
- Lassen sich frühere Erfahrungen skalieren?
- Welche (neuen) Fähigkeiten werden gebraucht?
- Sind die richtigen Mitarbeiter und Fähigkeiten in der nötigen Zahl
  verfügbar, wenn sie gebraucht werden?
- Sind die Mitarbeiter und Manager am Projekterfolg interessiert?
- Funktioniert die Kommunikation im Projekt und an seinen Schnitt-
  stellen (Marketing, Vertrieb, Kunden, Management)?
- Welche politischen Einflüsse gibt es auf das Projekt? Wird die Politik
  die Faktenlage dominieren?
- Sind Mechanismen zur Eskalation und Entscheidung von Konflikten
  vorgesehen?
- Können und wollen die beteiligten Manager selbst entscheiden?

2.3.4 Checkliste für das Outsourcing

- Sind Sie an einer einmaligen Auslagerung einer Aufgabe interessiert
  oder an einer anhaltenden Geschäftsbeziehung?
- Für wie lange planen Sie die Outsourcing-Beziehung? Können Sie
  bereits einige Jahre im Voraus planen oder suchen Sie eher einen

Lieferanten, der so flexibel ist, dass er sich immer wieder an Ihre spe-
zifischen aktuellen Bedürfnisse anpassen kann?
- Welche Ressourcen stellt der Lieferant für Ihr Projekt zur Verfügung?
Können seine Mitarbeiterzahlen und Kompetenzen flexibel angepasst
werden?
- Wie werden die nötigen Fähigkeiten und Kompetenzen der Mitarbeiter auf Lieferantenseite für Ihr Projekt garantiert?
- Wie wird der Lieferant auf veränderte Risiken oder Bedürfnisse reagieren? Beschreiben Sie die zu erwartenden (befürchteten) Szenarien und lassen Sie den Lieferanten ausgestalten, in welcher Form
er reagieren würde. Falls es für Sie (oder auch für den Lieferanten)
geschäftskritisch sein kann, lassen Sie sich sein formales Risikomanagement bestätigen.
- Welche Kosten entstehen Ihnen bei den zu erwartenden Änderungen?
- Kann der Lieferant mit gemischten Teams, d. h. Mitarbeiter aus Ihrem Haus und auf der Lieferantenseite, oder global verteilten Teams
umgehen?
- Werden Mitarbeiter oder Kontaktpersonen an Ihrem eigenen Standort
bereitstellen?
- Ist die rechtliche Situation am Standort des Offshoring-Lieferanten
dergestalt, dass Randbedingungen zu Verträgen, Datensicherheit oder
Copyright- und Patentschutz einklagbar sind? Gibt es dazu Erfahrungen?
- Besitzt der Lieferant alle für Sie relevanten Zertifikate und Vorgaben
(z. B. ISO 9000, CMMI, Safety-Standards)?
- Passt die Infrastruktur zu Ihren Bedürfnissen (z. B. Netzwerkge-
schwindigkeit, Datenvolumen, Backup, replizierte Server, Entwick-
lungswerkzeuge, sichere Verbindungen, etc.)

2.3.5 Checkliste für das Lieferantenmanagement

- Sind alle Lieferanten im Gesamtkontext bekannt?
- Ist der gewählte Lieferant am Erfolg interessiert?
- Gibt es Unteraufträge (oder Outsourcing, Offshoring)?
- Wer wählt die Lieferanten aus?
- Welches Vertragsmodell haben die Lieferanten?

- Gibt es Ersatzlieferanten für kritische Komponenten?
- Werden alle Lieferanten entsprechend Ihrer (nicht ihrer!) Planung liefern?
- Wie werden Lieferanten und Unteraufträge kontrolliert? Werden definierte Techniken für Projektmanagement und Projektreviews eingesetzt?
- Wie werden Konflikte eskaliert?
- Welche Risiken tragen die Lieferanten nicht?
- Haben Sie oder Vertraute bereits mit diesem Lieferanten gearbeitet? Würden Sie es nochmals tun?
- Welche Referenzen kann der Lieferant in Ihrer eigenen Branche und Geschäft vorlegen? (Prüfen Sie die Referenzen sorgfältig).
- Wie gut kennt der Lieferant Ihr eigenes Geschäft?
- Warum sieht sich der Lieferant in der Lage, Ihre Bedürfnisse besser zu befriedigen, als andere Wettbewerber?
- Spielt der Lieferant in der gleichen „Liga" wie Sie (Größe, Prozesse, Marktkenntnisse, technische Kenntnisse, Qualität, Märkte, etc.)?
- Hat der Lieferant breite Erfahrungen mit der Art von Dienstleistung, die Sie verlangen (z. B. Fehlerkorrekturen in bestehendem und schlecht dokumentiertem Code zu machen)?
- Hat der Lieferant das richtige Qualitätsmanagement?
- Setzt der Lieferant Unterauftragnehmer ein, und schafft damit ganz neue Risiken?
- Wie hoch ist die Mitarbeiterfluktuation?
- Wie stabil ist das Management auf Lieferantenseite?
- Wie stabil ist das Unternehmen (Alter, Eigentümer, Kunden, Wettbewerber, Geschäftsentwicklung, etc.)?
- Wer sind die Eigentümer?
- Welche Kunden und Märkte bedient der Lieferant?
- Welche Preise werden für die Leistungen verlangt, die Sie erwarten? Wie stabil werden die Preise bleiben?
- Ist das Angebot des Lieferanten ein Lockvogel, um Sie speziell als Kunde zu gewinnen? Kann er die versprochenen Randbedingungen mit großer Wahrscheinlichkeit einhalten?

2.3.6 Checkliste für Software-Technologie und IT-Infrastruktur

- Steht die gesamte Infrastruktur dann zur Verfügung, wenn sie gebraucht wird?
- Sind die kritischen Abhängigkeiten zwischen Komponenten minimal und einzeln gepuffert?
- Kann es zu externen Einflüssen kommen, die Ihre Infrastruktur beeinträchtigen (Hochwasser, Unfälle, Stromausfall)?
- Gibt es neue Technologien im Projekt, die bisher nicht eingesetzt wurden?
- Haben die Mitarbeiter die richtigen Fähigkeiten? Sind spezifische Ausbildungsprogramme geplant?
- Sind die Schnittstellen zu anderen Systemen oder Komponenten vollständig definiert?
- Hängt das Design von unrealistischen oder zu optimistischen Annahmen ab?
- Ist das Systemverhalten (Performanz etc.) berücksichtigt?
- Haben die externen Komponenten die geforderte Qualität?
- Werden Patente, Copyrights oder proprietäre Technologien eingesetzt, deren Rechtslage oder Folgekosten unsicher sind?
- Welche Open-Source-Software (OSS) mit welchem Lizenzmodell wird eingesetzt? Passt das Lizenzmodell zu Ihrem Geschäftsmodell?
- Haben Sie konkrete Richtlinien für den Einsatz von OSS? Sind die Mitarbeiter für den OSS-Einsatz hinreichend ausgebildet?
- Wird OSS gepflegt und gewartet? Sind die Lieferanten dazu sorgfältig ausgewählt? Tragen sie auch rechtliche Risiken (z. B. aus der Produkthaftung)?
- Ist die Zielhardware rechtzeitig (zum Test oder zur Integration) verfügbar?
- Sind externe Komponenten hinreichend stabil? Sind sie bekannt? Sind sie rechtzeitig verfügbar?
- Gibt es Ersatzlieferanten für kritische Komponenten?

2.3.7   Checkliste für Governance und strategische Risiken

- Gibt es eine Risikostrategie für Ihr Unternehmen?
- Welche externen Anforderungen an das Risikomanagement gibt es (in Ihrer Branche, in Ihrem Land, an Ihren Börsenplätzen, in den für Sie üblichen Standards und gesetzlichen Vorgaben)?
- Ist Ihr Portfoliomanagement ausreichend? Gibt es eine periodische Bewertung aller Produkte und Projekte hinsichtlich der Position im Markt und der Marktentwicklung? Werden Entscheidungen aus dem Portfoliomanagement pünktlich umgesetzt?
- Bewerten Sie die Risiken an Ihr Portfolio ausreichend balanciert (also Risiken aus dem finanziellen Bereich, von Kunden und Märkten, von Wettbewerbern, und von den eigenen Mitarbeitern, Technologien und Produkten)?
- Wie bewerten Sie aus Unternehmenssicht das Risiko Ihres gesamten Portfolios und das seiner einzelnen Komponenten (Projekte, Produktlinien, Services)?
- Welche Unsicherheiten (= Risiken) bestimmen Ihr Portfolio?
- Welche Risiken kennen Sie nicht (Achtung: Dies ist keine Fangfrage, sondern soll zum Nachdenken oder zur externen Expertise anregen)?
- Ist das gesamte Risiko akzeptabel für das Geschäft, in dem Sie arbeiten?
- Wer legt die Risikobewertung fest? Nach welchen Kriterien?
- Sind die Risiken gleichmäßig verteilt oder gibt es einige wenige Elemente im Portfolio mit hohem Risiko?
- Ist das Risiko in allen Fällen unter Kontrolle?
- Gibt es die richtigen Aufgaben zur Risikoabschwächung?
- Werden Risiken periodisch verfolgt und aggregiert, um sie aus Unternehmenssicht zu bewerten?

2.4   Die Top-10 Risiken in Software und IT

Risikomanagement muss sich auf die wichtigsten Risiken konzentrieren. Alle Risiken auch nur ansatzweise dokumentieren zu wollen, erzeugt einen immensen Aufwand und führt nirgends hin. Die Kunst ist, genau die Risiken zu betrachten, die auch eintreten könnten und dann den größten Schaden anrichten würden. Was aber sind die wichtigsten Risiken? Hierzu gibt es verschiedene Studien, die zeigen, dass sich die immer gleichen Risiken wiederholen. Die **Top-10 Risiken** sind nach unseren Erfahrungen in vielen Kundenprojekten weltweit immer wieder die gleichen:

1. Unzureichende Organisation
2. Falsche und fehlende Anforderungen
3. Sich ändernde Anforderungen
4. Unrealistische Planung
5. Personelle Schwächen
6. Over-Engineering
7. Lieferantenprobleme
8. Fehler und Qualitätsmängel
9. Architekturdefizite
10. Technologiekomplexität

Auf was sollten Sie konkret achten? Wir wollen im Folgenden für jedes dieser Top-10 Risiken einige Checks und Fragen zur systematischen Ermittlung geben. Schließlich treten die Risiken subtil auf und sollten frühzeitig erkannt werden. Im Abschn. 4.7 werden wir einige Tipps zur Behandlung und Abschwächung dieser Risiken geben.

1. **Unzureichende Organisation.** In unseren Beratungsprojekten und vor allem im Krisenmanagement, das wir für Projekte und Unternehmen in Schieflage durchführen, finden wir immer wieder das gleiche Problem: Eine unzureichende Organisation. Aufgaben und Rollen sind nicht definiert. Schnittstellen und Übergabepunkte sind wachsweich. Prozesse existieren nur auf dem Papier, um Zertifizierungen zu erhalten und Anforderungen an Governance und Compliance Genüge zu tun. In Konsequenz arbeitet jeder in seinem Silo vor sich hin, ohne Abstimmung und mit viel Redundanz und Nacharbeiten. Die Unzufriedenheit wächst, und gleichzeitig das Risiko des Burn-Out, wenn die Mitarbeiter und Führungskräfte merken, dass sie wie im Hamsterrad ständig neue Aufgaben bekommen, die aufgrund der verkorksten Kultur gar nicht umsetzbar sind. Oft finden wir in Kundenprojekten Führungskräfte, die kaum oder gar nicht

auf ihre Führungsaufgabe vorbereitet wurden. Sie kennen weder die nötigen Techniken, noch die internen Prozesse. Was selbst den Vorständen unklar ist: Nicht existierende Governance-Vorgaben, unvorbereitete Führungskräfte und unzureichend dokumentierte Prozesse oder kein ausreichender Nachweis, dass die Vorgaben in allen Situationen befolgt werden, führen im Schadensfall zu Organversagen – mit allen Konsequenzen. Sind Ihre Führungskräfte ausreichend trainiert? Gibt es klare Vorgaben zu Governance und Risikomanagement? Wird deren Einhaltung regelmäßig unabhängig geprüft? Wird aus Fehlern systematisch gelernt?

2. **Falsche und fehlende Anforderungen.** Anforderungen zu kennen, heißt noch lange nicht, das richtige Produkt zu entwickeln. Gibt es eine klare Zielvorgabe für das Produkt oder das Projekt? Existiert ein Projektauftrag? Sind die Anforderungen individuell und nachvollziehbar dokumentiert? Wer hat sie definiert und abgestimmt? Wurden die relevanten Interessengruppen befragt und synchronisiert? Sind die verschiedenen Benutzergruppen bekannt und sind sie befragt worden? Sind die Anforderungen in der Sprache der Benutzer formuliert, oder sind sie zu technisch? Steht das Geschäftsmodell Ihrer Kunden im Vordergrund bei der Definition von Inhalten? Kennen Sie die Ausgangssituation des Projekts und seinen Scope? Sind Bedürfnisse verschiedener Kulturen, Länder, Sprachen und die zugehörigen gesetzlichen Vorgaben (z. B. zur Vermeidung von Diskriminierungen jeglicher Art) hinreichend berücksichtigt? Werden Abläufe modelliert, um auch Sonderfälle durchspielen zu können? Sind Vorgaben zur Sicherheit Ihrer Systeme hinreichend genau spezifiziert und abgenommen?

3. **Sich ändernde Anforderungen.** Anforderungen ändern sich. Das ist normal und sollte niemanden überraschen. Entscheidend ist, ob man die Änderungen beherrscht oder von den Änderungen beherrscht wird. Wir rechnen in Kundenprojekten mit ca. 2–5 % Änderungsrate pro Monat. Das benötigt hinreichend Flexibilität im Produkt wie auch im Projekt. Dokumente, Testfälle und vieles mehr müssen konsistent gehalten werden. Werden die Änderungen formal entschieden und priorisiert? Sind die Änderungen dokumentiert und systematisch nachvollziehbar? Kontrollieren Sie die Änderungsrate. Oftmals finden wir, dass 70–80 % der Änderungen selbst

verschuldet sind. Das sind unnötige Risiken. Ein weiteres Risiko in diesem Zusammenhang ist, sich nicht auf Änderungen einzustellen. Märkte und Geschäftsmodelle sind heute sehr dynamisch, und die Beherrschung von Unsicherheiten und Änderungen gehören zum Projektgeschäft. Sind Sie auf Änderungen der Anforderungen vorbereitet? Werden Anforderungsänderungen systematisch nachgezogen? Prüfen Sie in diesem Zusammenhang die Schnittstellen zu Ihren Kunden und ob es Spannungen im Kundenverhältnis gibt.

4. **Unrealistische Planung.** Der Klassiker unter den Standardrisiken ist die fehlende oder unrealistische Projektplanung. Oftmals werden Projekte begonnen, ohne vorher zu evaluieren, ob die richtigen Ressourcen zur Verfügung stehen. Sie fehlen zumeist bereits ganz am Anfang des Projekts, wenn Anforderungen analysiert werden oder Planungen gemacht werden. Wird allerdings in dieser Phase geschlampt, ist der Projekterfolg schon stark in Frage gestellt. Termine werden ohne Prüfung und Analyse zugesagt. Budgets werden ohne Kenntnis von Roadmaps und Abhängigkeiten der Projekte vereinbart. Haben Sie den Unterschied zwischen einem Ziel, einer Schätzung und einem Plan verinnerlicht? Sind Planung und Schätzungen konsistent? Prüfen Sie, ob Meilensteine mit Zielvereinbarungen gekoppelt sind und ob Projektabhängigkeiten innerhalb des Projekts zwischen einzelnen Aufgaben und außerhalb des Projekts mit anderen Projekten synchronisiert sind. Haben Sie Budget für kurzfristige Änderungen, Wartung und Erweiterungen eingeplant? Werden Kosten, Termine und Aufwände regelmäßig in Projekt-Reviews mit allen relevanten Interessengruppen geprüft? Nutzen Sie agile Techniken und vor allem Scrum, um die Mitarbeiter in realistische Planung einzubinden. Nutzen Sie ein systematisches Projektcontrolling, wie Earned-Value-Management, um den Stand Ihrer Projekte jederzeit zu kennen.

5. **Personelle Schwächen.** Softwareentwicklungs- und IT-Projekte sind personengetrieben und hängen von den Fähigkeiten der Mitarbeiter, ihrer Verfügbarkeit zum richtigen Zeitpunkt und deren Management ab. Kompetenzen entstehen nicht per Knopfdruck. Zusammenarbeit und Team-Geist schon gleich gar nicht. Man kann Lücken zwar extern füllen, aber die Personen müssen trotzdem im Projekt verankert werden. Zusätzliche Personen im verspäteten

Projekt verzögern es noch mehr. Oft finden wir bei Kunden Projektleiter, die kaum oder gar nicht auf diese Aufgabe vorbereitet wurden. Sie kennen weder die nötigen Techniken des Projektmanagements, noch die internen Prozesse. Sind Ihre Mitarbeiter ausreichend trainiert? Werden Weiterbildungsmaßnahmen im Mitarbeitergespräch regelmäßig geprüft und justiert? Als Daumenregel sollten 5 % Training auf das Budget jährlich eingeplant und vor allem auch umgesetzt werden. Das sind zehn Tage pro Mitarbeiter, die typischerweise im Job durch Mentoring und Vorträge, und durch explizite Trainings erreicht werden. Unterschätzen Sie nicht die Bedeutung guten Managements. Passen Managementstil und Unternehmenskultur zu den Mitarbeiteranforderungen? Fühlen sich die Mitarbeiter wohl und bringen Höchstleistungen? Gibt es zu viele unnötige Störungen und administrative Hürden, welche die Motivation und damit die Produktivität beeinträchtigen? Fühlen sich die Mitarbeiter als Team, selbst wenn sie verteilt sind? Arbeiten die verschiedenen Funktionen im Projekt zusammen? Fördert Ihre Unternehmenskultur die Zusammenarbeit, oder eher Ellenbogen-Verhalten? Werden die „Alphatiere" immer wieder auf den Boden zurückgeholt? Fühlen sich Mitarbeiter aufgenommen und wertgeschätzt oder eher ausgepresst und gemobbt? Holt das Unternehmen regelmäßig die Meinung und Stimmung der Mitarbeiter ein?

6. **Over-Engineering.** Etwa die Hälfte aller Funktionen in Softwaresystemen ist unnötig. Das weiß jeder aus eigener Erfahrung mit seinem Auto oder seiner Textverarbeitung, und es gibt dazu viele Studien aus verschiedenen Branchen. Trotzdem wird in jedem Projekt unnötiger Ballast entwickelt. Erst wenn es gar nicht mehr geht, wird rigoros gestrichen und – oh Wunder – das Projekt kommt wieder auf Kurs, und die Kunden sind zufrieden, weil sie etwas erhalten. Prüfen Sie den Funktionskatalog daher regelmäßig gegen das Geschäftsmodell und Nutzungsverhalten Ihrer Kunden. Sind alle Anforderungen relevant? Sind sie priorisiert? Wurden Sie im Projektauftrag sauber vereinbart und dokumentiert, oder sind sie „einfach" und „offensichtlich"? Sind Prüfpunkte eingebaut, welche die Funktionen und deren Grenznutzen bewerten? Gibt es für jede Anforderung eine klare Quelle und einfache Wirtschaftlichkeitsbetrachtung?

Sind in den Anforderungen auch die Nutzen quantifiziert? Gibt es
Erweiterungen, die bereits entwickelt werden, ohne dass dafür ein
Bedarf erkannt und vereinbart ist? Werden die Anforderungen bezahlt? Hat sich jemals ein konkreter Benutzer mit den Funktionen
auseinandergesetzt? Nutzen Sie die Techniken der Triage, um Anforderungen frühzeitig zu bewerten, zu priorisieren und zu streichen.
Nutzen Sie agile Prozesse, um schrittweise und inkrementell Anforderungen anhand ihrer Relevanz umzusetzen. Streichen Sie regelmäßig die Anforderungen. Jede gestrichene unnötige Anforderung
beschleunigt das Projekt, verbessert die Qualität und erhöht Ihre
Marge.

7. **Schlechtes Lieferantenmanagement.** Der Einsatz externer Dienst-
    leister macht Ihr Projekt zunehmend von der Lieferantenkette ab-
    hängig. Sie sind als Vertragspartner gegenüber Ihrem Kunden in
    der Verpflichtung, pünktlich zu liefern, selbst wenn Ihre Lieferanten
    nicht oder unzureichend liefern. Dabei geht es um alle Lieferan-
    ten, egal ob Sie proprietäre Softwarekomponenten einsetzen, Open-
    Source-Software nutzen, oder Software von externen Partnern spezi-
    fisch entwickeln lassen. Sind alle Lieferanten bekannt? Bestehen ein
    formales Lieferantenmanagement und ein dediziertes Risikomana-
    gement der Lieferanten? Sind für große Ausfallrisiken Ersatzliefe-
    ranten ausgewählt? Bestehen angepasste Leistungsvereinbarungen,
    und können Sie sich auf deren Einhaltung verlassen? Sind Eskala-
    tionsmechanismen und Ausstiegsszenarios vereinbart? Sind Sie in
    der Lage, einen Lieferantenwechsel rasch und effektiv umzusetzen?
    Haben Sie kritische Kompetenzen beispielsweise zur Architektur
    im eigenen Unternehmen repliziert? Nutzen Sie Leistungsverein-
    barungen, gerade auch bei internen Services? Bewerten Sie Leis-
    tungsfähigkeit und Prozesse Ihrer Lieferanten regelmäßig? Für viele
    Kunden führen wir solche Lieferanten-Audits durch, was im Regel-
    fall zu einer Win-win Lösung führt, da sich der Lieferant verbessert,
    und sein Kunde von dieser Verbesserung direkt profitiert.

8. **Qualitätsdefizite.** Vor ein bis zwei Dekaden gehörte unzureichende
    Qualität zu den Schlüsselproblemen in Softwareprojekten. Das hat
    sich heute gewaltig verbessert, und so sind Qualitätsdefizite im unte-
    ren Teil unserer Liste. Allein die Nutzung von definierten Prozessen,
    beispielsweise auf Basis von CMMI und SPICE verbessert die Feh-

lerentdeckungsquote um 90 % und mehr. Bedenken Sie, dass die Kosten für Prüfung, Test und Nacharbeiten heute 60–80 % der Lebenszykluskosten ausmachen. Falsche Maßnahmen verschärfen Ihre wirtschaftlichen Risiken. Qualität muss vorab spezifiziert werden, um Nutzen und Aufwand zu optimieren. Prüfen Sie daher, ob die Qualitätsvorgaben hinreichend spezifiziert sind. Wie werden externe Komponenten ausgewählt und abgenommen? Werden Änderungen und Korrekturen regressionsgetestet? Wird die Effektivität und Effizienz von Qualitätsmaßnahmen gemessen?

9. **Architekturdefizite.** Softwaresysteme wachsen häufig organisch, ohne dass die Architektur regelmäßig bewertet und optimiert wird. Bei vielen Kundenprojekten erleben wir, dass die eingesetzten Architekturen nicht einmal dokumentiert sind. Oftmals werden Architekturentscheidungen ad-hoc in der Entwicklung getroffen, wiewohl ihre Risiken sehr viel höher sind, als manche Personal- und Anforderungsentscheidung. Spezifizieren und Priorisieren Sie Architekturanforderungen zu Projektbeginn. Sind die Architekturrelevanten Anforderungen klar und testbar dokumentiert, z. B. Antwortverhalten, Benutzbarkeit, funktionale Sicherheit oder Informationssicherheit? Ist die Architektur erweiterbar? Wie modellieren und prüfen Sie Architekturentscheidungen? Sind Deadlocks und lastabhängige Verzögerungen effektiv ausgeschlossen? Sind Backupsysteme vorgesehen, um bei Überlastung einspringen zu können? Sind die Transaktionen so konzipiert und implementiert, dass sie im Überlastfall sanft herunterfahren? Nutzen Sie ein Werkzeug und Methodik nach dem Stand der Technik, um Architektur zu modellieren und zu bewerten? Gibt es klare Kriterien, wie Konflikte bei Anforderungen, beispielsweise Performanz vs. Kosten, entschieden werden?

10. **Technologieüberforderung.** Softwaresysteme haben sehr kurze Innovationszyklen und erneuern sich ständig. Zugrunde liegende Technologien, beispielsweise Komponenten, Sprachen, Architekturen, Methoden, Werkzeuge, sind daher nicht immer ausreichend bekannt oder reif, um eingesetzt zu werden. Trotzdem kommen immer wieder Technologien zum Einsatz, die Ihre Entwicklermannschaft oder den Kunden überfordern. Wie werden Technologien entschieden? Welche Prüfpunkte gibt es, um die Reife und Qua-

lität von Technologien zu beurteilen? Werden Architektur- und
Beschaffungsentscheidungen auf Basis von bewerteten Alternativen getroffen? Wie synchronisieren Sie Ihre Produkte mit den sich
ständig erneuernden Technologien? Wie wählen sie Komponenten, Werkzeuge oder Methoden aus? Sind Ihre Werkzeuge auf dem
Stand der Technik? Vergegenwärtigen Sie sich, dass ein Abweichen vom Stand der Technik, wie er in Standards dokumentiert ist,
im Falle von Produkthaftung und Schadensfällen gegen Sie ausgelegt wird. Setzen Sie unabhängige Technologieassessments ein?
Wie verhindern Sie effektiv, dass blinde Technologiegläubigkeit
und das Ausprobieren ständig neuer Technologien zu einem Projektrisiko werden? Setzen Sie ein konkretes und nachvollziehbares
Innovationsmanagement, also systematische Bewertung, Auswahl,
Kommunikation, Schulungen, bei der Einführung neuer Technologien ein? Oft sehen wir bei Kunden, dass Veränderungen in neuen
Technologien, Werkzeugen oder Prozessen ad-hoc eingekippt werden. Frustration und Ablehnung durch die Mitarbeiter sind die
unmittelbaren Konsequenzen, Zusatzkosten und Projektdefizite die
mittelbaren. Nutzen Sie professionelles Veränderungsmanagement,
um Technologie- und Innovationsrisiken zu reduzieren.

2.5 Template für die Dokumentation von Risiken

Risiken werden dokumentiert, um sie nachher systematisch zu behandeln. Soweit möglich, sollte dieser Katalog auf ein standardisiertes Template aufsetzen, um die Ergebnisse leicht lesen und vergleichen zu können, und um Risiken beziehungsweise die Minderungsmaßnahmen „wie-
derverwenden" zu können. Tabelle 2.1 zeigt eine Vorlage, um Risiken zu
dokumentieren.

Dokumentieren Sie nur, was Sie nachher auch realistischerweise
umsetzen können. Es ist nicht nötig, alle Risiken mit der gleichen
Detaillierung zu beschreiben, sondern nur jene, die später auch
verfolgt werden sollen. Wir sehen bei vielen Kunden zwar eine

Tab. 2.1 Vorlage für den Risikoplan

Inhalt	Beschreibung	Beispiel
Identifikation	Jedes Risiko hat einen spezifischen Namen, eindeutige Nummer sowie eine Projektzuordnung.	Project2013_Risk_01
Rangnummer	Wichtigste Risiken kommen zuerst	2
Beschreibung	Kurze Beschreibung (Ursache und Effekt)	Testinfrastruktur nicht verfügbar
Bewertung	Für jedes identifizierte Risiko die Eintrittswahrscheinlichkeit sowie die Auswirkungen (Kosten und Verzögerungen). Trennen Sie verschiedene Zeitpunkte.	Identifiziert: 23. Jan. 2013 Wahrscheinlichkeit: 3 Auswirkung: 4 (Termin)
Indikator	Verfolgung des Status und frühe Warnung.	Verfügbarkeit Testinfrastruktur
Status	Wenige definierte Statusklassen	Offen
Abschwächung	Aktionen zur Kontrolle und Abschwächung, insbesondere immer mit Namen und Zeitplanung	Externer Lieferant als Backup. Ab 27. Feb. 2013 verfügbar.
Kontrolle	Zeitplan und Verantwortung für Kontrolle der Risiken und der Abschwächung, immer mit Häufigkeit und Verantwortung.	Franka Luisella, Feb. 2013. Review 01. Mrz. 2013.
Budget	Aufwände, die für Abschwächung eingeplant sind (vor allem bei großen Projekten)	50 K€
Evolution	Kriterien, die zur Neubewertung führen; Notfallplan	Eigene Infrastruktur aufbauen.
Detailplanung	Spezifischer Plan für Risiken, die häufig auftreten	Nicht anwendbar

profunde Analyse mit vielen, ja zu vielen Risiken, aber zu wenig Abschwächung und Kontrolle. Dokumentieren Sie also ungefähr drei bis zehn Risiken, die dann aber auch in jedem Projektreview kontrolliert werden.

2.6 Beispiel: Verteilte Entwicklung

Verteilte Entwicklung ist für viele Unternehmen heute Standard – aber sie muss wirksam umgesetzt werden, sonst kostet sie mehr als sie bringt. Richtig aufgestellt ist das Nutzenpotenzial greifbar. Die Ausprägungen sind vielfältig. Absatzmärkte verlagern sich und Produkte müssen zunehmend für globale Märkte entwickelt werden. Das führt zu einer kollaborativen Produktentwicklung an verschiedenen Standorten und in unterschiedlichsten Zusammenarbeitsmodellen. Ging es bisher primär um Kostensenkung, so geht es heute auch um die schnellere Umsetzung von Innovationen, Nähe zu den Absatzmärkten und das Bestehen im weltweiten Wettbewerb. Wo früher der Rotstift regierte, sind heute intelligente Strategien und systematische Umsetzung nötig, denn sonst drohen verteilte Projekte zur Kostenfalle zu werden oder ganz zu scheitern.

Nach wie vor werden zu viele verteilte Projekte in den Sand gesetzt, weil Risiken nur unzureichend erkannt und abgeschwächt werden. 20 Prozent global verteilter Projekte werden im ersten Jahr abgebrochen, und 50 Prozent zu einem späteren Zeitpunkt – weil die Ziele nicht erreicht werden. Die Gründe für Krisen in verteilten Projekten ähneln sich: Unklare strategische Ausrichtung, unzureichende Entwicklungsprozesse, schlechtes Schnittstellenmanagement, fehlende Kompetenzen vor allem bei den Soft Skills, sowie nicht beherrschte Risiken. Einzelne Unternehmen, wie Apple, vermeiden verteilte Entwicklung, aber das ist die Ausnahme.

Es geht also um einen für den speziellen Anwendungsfall optimierten Mix aus harten und weichen Einflussfaktoren (Tab. 2.2). Harte Erfolgsfaktoren umfassen Flexibilität im Zugriff auf Kompetenzen, Innovationsfähigkeit durch internationale Expertenteams sowie Kosteneffizienz. Bei den weichen Faktoren geht es um Kompetenzen der Mitarbeiter an den verschiedenen Standorten, effektive Kommunikation sowie Kollaboration über die Standort- und Unternehmensgrenzen hinweg. Die grauen Felder innerhalb dieser zwei Dimensionen zeigen kritische Erfolgsfaktoren für verteilte Entwicklung. Wir sehen beispielsweise bei Kunden häufig unzureichende Zusammenarbeitsmodelle intern und mit Lieferanten. Kompetenzen und Erwartungen sind nicht klar, Prozesse und Schnittstellen nicht definiert, und in der Summe entstehen Extrakosten durch Nacharbeit und Missverständnisse.

Die Risiken werden in vielen Unternehmen unterschätzt, kommen sie doch zusätzlich zu den normalen Projektrisiken. Wesentliche Einflussfaktoren sind die Komplexität der Produkte und die örtliche und kulturelle Distanz. Unsere Erfahrungen zeigen, dass über die Hälfte der von Kunden selbst aufgesetzten verteilten Projekte signifikant teurer werden als geplant, und oftmals ohne nachhaltige Erfolge beendet werden. Woran liegt es, dass die Erfolgsquote so bescheiden ist, wo doch die Prinzipien seit vielen Jahren bekannt sind? Ein wesentlicher Grund ist, dass Führungskräfte zwar meinen, Bescheid zu wissen, aber doch immer wie-

Tab. 2.2 Harte und weiche Faktoren in der Risikobewertung

Weiche Faktoren / Harte Faktoren	Kompetenzen	Kommunikation	Kollaboration
Flexibilität	Zusammenarbeit	Projekt-Organisation und Schnittstellen	Wieder-verwendung
Innovation	Wissens-Management	Requirements Engineering	Ökosysteme
Kosten	Prozessfähigkeit	Krisen- und Interim-Management	Werkzeuge

der die gleichen elementaren Fehler in der Vorbereitung und Umsetzung machen.

Der Großteil der Technologieunternehmen muss sich heute verteilten Projekten und Standorten stellen, und tut gut daran, aus Erfahrungen und Fehlern zu lernen, die bereits gemacht wurden. Das professionelle Führen verteilter Projekte wird mehr und mehr zu einem entscheidenden Erfolgskriterium für Unternehmen. Verteilte Entwicklung erfordert eine deutlich striktere Organisation, Steuerung und Verfolgung als nicht verteilte Entwicklung, sowie mehr Fokus auf Vertrauen und Wertschätzung für die gelingende Zusammenarbeit der Menschen und Teams als nicht verteilte Entwicklung.

Beispiel Organisation: Eine hoch transparente und verstandene Organisation ist die essenzielle Basis für erfolgreiche verteilte Entwicklung. Diese braucht Klarheit über Kompetenzverteilung, Zuständigkeiten, Schnittstellen – sowie über Meilensteine, zugehörige Aufgaben, erwartete Qualität von Lieferungen. Was im Großen gilt, muss natürlich auch in jedem Team und Projekt angewandt werden. Straff durchgeführte Projektteambesprechungen mit vereinbarter Agenda und sofortigen Entscheidungen sowie individuelle Feedback-Gespräche mit den Mitarbeitern zum Fortschritt sind einige Merker aus unseren Beratungsprojekten. Verteilte Projekte brauchen einen raschen Start, aber auch kontinuierliche Verbesserung der Zusammenarbeit. Ein Drittel der für verteilte Projekte nötigen Veränderungsprozesse umfassen eine klare Organisation, und zwei Drittel sind schrittweise Veränderungen im Bewusstsein von Mitarbeitern und Führungskräften.

Beispiel Werkzeuge: Zum Start unbedingt erforderlich sind Screen-Sharing, Team-Umgebungen sowie gemeinsames Dokumentenmanagement. Weltweite Lizenzmodelle sollten im Vorfeld nutzungsoptimiert verhandelt werden. Die Netzwerk-Bandbreite muss skalierbar sein – und ist in aller Regel unterdimensioniert. Schließlich sollen die Mitarbeiter für den Umgang mit IPR und IT-Sicherheit sensibilisiert werden.

Gegenseitiges Vertrauen kann nur wachsen, wenn nachhaltig zusammengearbeitet wird, und Teams und Ziele nicht ständig geändert werden. Denn dann blähen sich Besprechungen auf, und Besprechungsprotokolle sind wachsweich. Das ist keine Basis für effektive Zusammenarbeit. Dabei sollte jedoch nicht das reguläre Projektgeschäft vernachlässigt werden. Die oft zu lange Leine ist gefährlich für alle Beteiligten. Stattdessen sollen sich die gemischten Teams und verteilten Projekte realistische Ziele setzen und diese transparent überwachen. Ohne transparente Fortschrittskontrolle entsteht sofort lokaler Wildwuchs, und das ist teuer und für die Mitarbeiter demotivierend. Fortschrittskontrolle und Selbst-Assessments der Teams schließen den Regelkreis und schaffen kontinuierliches Lernen und Verbessern.

Beispiel verteiltes Requirements Engineering: Abhängig von den Unterschieden bei Distanz, Zeitzone und Kultur müssen individuell spezifische Methoden genutzt werden. Workshops funktionieren an einem Standort wunderbar, skalieren aber nicht für verteilte Teams in mehreren Zeitzonen. Dort sind virtuelle Workshops mit verteilter Moderation nötig, die zwar mehr Aufwand in der Vorbereitung brauchen, aber dafür auch Konsistenz im Verständnis der Anforderungen und Abhängigkeiten schaffen.

Bereits in der Angebotsphase müssen verteilte Projekte und Teams optimal aufgesetzt werden, um später ihr Wissen in lösungsorientierten

Kernteams einzubringen. Dabei geht es vor allem um Durchgängigkeit von implizitem Wissen, das häufig durch Silo-Denken zwischen Vertrieb, Produktmanagement und Entwicklung verloren geht und zu zeitraubender Nacharbeit führt. Zum Projektstart solle ein schlankes Kernteam mit definierten Verantwortungen und allen erforderlichen Kompetenzen aufgesetzt werden. In diesem werden dann täglich agile Regelbesprechungen zur Abstimmung durchgeführt sowie getroffene Vereinbarungen und der erreichte Status müssen konsequent an einer Stelle dokumentiert. Das schafft Transparenz, Nachvollziehbarkeit und Verbindlichkeit. Mit einem OEM aus der Automobilindustrie haben wir beispielsweise die Termineinhaltung bei Lieferungen und Änderungen um mehr als 50 Prozent verbessert. In der Bahnindustrie wurde mit Kernteams und mehr Transparenz die Qualität und Liefertreue um fast 80 Prozent verbessert.

Örtlich verteilte Projekte sind immer wieder Neuland und brauchen ein jeweils maßgeschneidertes Vorgehen. Die Bedeutung von weichen Faktoren, wie Kommunikation, Team-Arbeit und eindeutigen Zielvorgaben, wird unterschätzt. Werden die Risiken frühzeitig erkannt und abgeschwächt, sind große Verbesserungspotenziale erreichbar. Verteilte Projekte bringen bereits bestehende Schwächen im Unternehmen rigoros auf den Tisch. Aber sie bieten auch vielfältige Chancen, wenn man die Praktiken nutzt, die heute bekannt sind.

Risiken bewerten 3

3.1 Ein kleiner Ausflug in die Wahrscheinlichkeitsrechnung

Ein Risiko bestimmt sich aus der Eintrittswahrscheinlichkeit eines Ereignisses und den Auswirkungen (oder dem Schadensausmaß) dieses Ereignisses in einem bestimmten Kontext. Die Gleichung lautet also: Risiko = Eintrittswahrscheinlichkeit × Auswirkung. Die **Eintrittswahrscheinlichkeit** und die **Auswirkungen** hängen beide mit einem auslösenden Ereignis zusammen, das auch als **Risikoauslöser** bezeichnet wird. Wenn Sie würfeln und im Würfelspiel bei einer Sechs Ihr Geld verlieren, dann ist der Wurf einer Sechs der Risikoauslöser und der Verlust des Geldes das Risiko.

Die Eintrittswahrscheinlichkeit bezeichnet die Wahrscheinlichkeit, dass ein Ereignis innerhalb einer bestimmten Periode eintritt. Beim Würfeln kann die Periode ein einzelner Wurf sein, oder aber eine Reihe von Würfen. In Softwaresystemen spricht man häufig von einer Eintrittswahrscheinlichkeit pro Jahr, also beispielsweise 10^{-5}/Jahr, was bedeutet, dass mit einer Wahrscheinlichkeit von 10^{-5} damit zu rechnen ist, dass das Schadensereignis (Ausfall, Fehlverhalten) innerhalb eines Jahres eintritt.

Aus der Eintrittswahrscheinlichkeit lässt sich die angenommene Ausfallzeit in der Periode berechnen. Bei beliebig vielen gleichzeitig sich im Einsatz befindlichen Softwareanwendungen mit der gleichen Eintrittswahrscheinlichkeit eines Ausfalls mit sofortiger Behebung von 10^{-5} kann man davon ausgehen, dass das Gesamtsystem pro Jahr (mit gerundet 8000 Stunden) ungefähr $10^{-5} \times 8000$ Stunden = 5 Minuten

C. Ebert, *Risikomanagement kompakt*, IT kompakt, 49
DOI 10.1007/978-3-642-41048-2_3, © Springer-Verlag Berlin Heidelberg 2013

Ausfallszeit hat. Telekommunikationssysteme fordern häufig eine solch seltene Eintrittswahrscheinlichkeit. Sicherheitskritische Systeme müssen eine noch viel geringere Eintrittswahrscheinlichkeit demonstrieren. Normale Serveranwendungen dagegen haben eine höhere Eintrittswahrscheinlichkeit eines Fehlers. Eine Architektur mit reduzierter Eintrittswahrscheinlichkeit verursacht in der Regel auch höhere Kosten (einmal mehr die Kosten der Risikoabschwächung).

Ein Ereignis (Risikoauslöser) kann den Wert x_i annehmen und hat die **Eintrittswahrscheinlichkeit** $\rho(x_i) = p_i$. Die Eintrittswahrscheinlichkeit ergibt sich aus dem Verhältnis der vermuteten Schadensfälle zu den insgesamt möglichen Fällen. Sie liegt somit zwischen Null und Eins. Die **Wahrscheinlichkeitsverteilung** ist durch $P(X = x_i) = p_i$ gegeben, die durch eine Zufallsvariable X charakterisiert wird, die das Ergebnis des Zufallsexperiments beschreibt. Sie liegt ebenfalls zwischen Null und Eins. Die **Wahrscheinlichkeitsfunktion** ρ beschreibt die Dichte der Verteilung von X bezüglich des Zählmaßes auf der Menge der möglichen Werte. Ihre Werte liegen auch zwischen Null und Eins. Die kumulative **Verteilungsfunktion** F(x) berechnet die Wahrscheinlichkeit für eine Reihe von Ereignissen und errechnet sich durch Integration der kontinuierlichen Wahrscheinlichkeitsfunktion von X = 0 bis x. Sie liegt ebenfalls zwischen Null und Eins. Bei einer diskreten Wahrscheinlichkeitsverteilung (beispielsweise beim Würfeln) wird die Verteilungsfunktion durch Summation bestimmt. Für diskrete Ergebnisse berechnet sich

$$F(x) = P(X \leq x) = \sum_i p_i \; .$$

Zur leichteren Berechenbarkeit werden in der Regel diskrete Wahrscheinlichkeitsverteilungen durch stetige Funktionen approximiert. Am häufigsten werden **Dreiecksfunktionen** oder angenäherte Glockenkurven eingesetzt, da sie in Tabellenkalkulationen einfach zu handhaben sind und beispielsweise **Simulationen** (also die Existenz vieler unabhängiger Ereignisse) erlauben.

Beim Würfeln ist das Ereignis das Ergebnis eines Wurfs. Die Zufallsvariable X ist das Ergebnis eines Wurfes. Ihre Verteilung ist gegeben durch die Wahrscheinlichkeitsfunktion $\rho(\chi) = \{1/6, \chi \in [1, \ldots, 6];$ 0, sonst$\}$. Die Wahrscheinlichkeit für das Ereignis, eine Sechs zu würfeln, ist $\rho = 1/6$. Die kumulative Verteilungsfunktion berechnet die Wahrscheinlichkeit für eine Reihe von Ereignissen. Die Wahrscheinlichkeit, mindestens eine 1 oder 2 zu würfeln, berechnet sie sich zu $F(x = 1 \lor x = 2) = \sum_{i=1-2} 1/6 = 1/3$.

Bei einer Wahrscheinlichkeit von Null spricht man nicht vom Risiko, da es nie eintreten wird. Bei einer Wahrscheinlichkeit von Eins wird aus dem Risiko ein Problem, beispielsweise wenn das auslösende Ereignis eingetreten ist. Wir hatten gesehen, dass Risiken auch positive Auswirkungen haben können (wir sprechen dann von Chancen), betrachten im Buch aber nur die negativen Ergebnisse.

Mathematisch ist die Gleichung Risiko = Wahrscheinlichkeit × Auswirkung problematisch, da aus einer Wahrscheinlichkeit, die aus einer großen Zahl von Ereignissen abgeleitet wird, nun auf ein singuläres Ereignis geschlossen wird. Es ist wie beim Werfen einer Münze. Wenn ich die (als absolut symmetrisch angenommene) Münze 1000 Mal werfe, darf ich davon ausgehen, dass in 500 Fällen die Zahl oben liegt. Daraus leitet sich die Wahrscheinlichkeit ab als 50 Prozent oder 0,5. Werfe ich die Münze einmal, gilt die gleiche Wahrscheinlichkeit, obwohl die Auswirkungen (Zahl oder nicht) den Eindruck erwecken, dass beim singulären Ereignis das Ergebnis nicht viel mit der Eintrittswahrscheinlichkeit von 50 Prozent zu tun hat. Verwette ich nämlich gerade einen Euro und habe auf Zahl gesetzt, dann verliere ich alles oder nichts. Das Risiko ist der Erwartungswert der Auswirkung, also die Auswirkungen, gemittelt auf viele Zufallsexperimente (= Projekte).

Diese Schwierigkeit, aus der statistischen Häufigkeit für ein wenig wahrscheinliches Ereignis zu planen, führt häufig zu einem ignoranten Vogel-Strauß-Verhalten, denn es „könnte ja auch gut gehen". Risikomanagement hat in der Praxis sehr viel mit Psychologie und Kultur zu tun, und eher weniger mit Statistik, die nur ein Werkzeug darstellt. Das ist anders in der Gefahrenanalyse, wo die technischen Ausfallraten und Risiken mathematisch exakt bewertet werden, und dann Eingang in das geschäftliche Risikomanagement zu finden.

Das Risiko macht ein an sich singuläres Ereignis quantifizierbar und erlaubt eine vergleichende Bewertung. Werfe ich die Münze 1000 Mal und verliere jeweils einen Euro, wenn Zahl erscheint, dann habe ich am Ende 500 Euro verloren. Die genannte Risikobewertung erlaubt, einen einzigen Fall zu behandeln, in dem ich davon ausgehe, dass die Wahrscheinlichkeit 0,5 multipliziert mit der Auswirkung Verlust eines Euro zu einem Risiko von 0,5 Euro wird. In einem zweiten Fall werfe ich einen Würfel und verliere einen Euro, wenn eine Sechs fällt. Nun errechnet sich das Risiko zu 1/6 multipliziert mit einem Euro, was einen Wert von 0,17 Euro ergibt. Damit kann ich die beiden Einzelereignisse vergleichen. Im einen Fall beträgt das Risiko 0,5 Euro und im zweiten Fall 0,17 Euro. Ohne auf Gewinnchancen einzugehen (das Buch hat ja die negative Brille auf), wird man eher würfeln als die Münze zu werfen. Man kann verschiedene Risiken vergleichen, indem die Erwartungswerte verglichen werden. Risiken werden bewertet, um begrenzte Ressourcen und Mittel auf relevante Risiken und auslösende Ereignisse zu fokussieren.

Die systematische Betrachtung von Risiken erlaubt, ganz verschiedene Ereignisse, Konsequenzen und Eintrittswahrscheinlichkeiten zu quantifizieren und sie in ihrer Gesamtheit zu betrachten. Spiele ich das obige Münzenspiel 1000 Mal, so addieren sich die 1000 Risiken auf, und ich sollte 500 Euro „Puffer" mitbringen, um das Risiko zu handhaben. Lassen Sie uns nun ein Beispiel aus dem realen Projektgeschäft betrachten. Wenn ein für das Projekt ungünstiges Ereignis mit einer Wahrscheinlichkeit von 20 Prozent eintritt und beim Eintreten eine Verzögerung von fünf Monaten auftritt, dann sind Sie – auf Dauer über viele Einzelereignisse gemittelt – einer einmonatigen Verzögerung ausgesetzt. Es gibt viele solcher Risiken, die aus einer unzulänglichen Projektschätzung herrühren können. Wenn Sie im gleichen Projekt 10 Arbeitspakete auf dem kritischen Pfad haben, die alle eine Unsicherheit von fünf Monaten Verzug bei einer Wahrscheinlichkeit von 20 Prozent haben, dann macht es keinen Sinn 50 Monate Puffer einzuplanen, nur weil jedes einzelne Arbeitspaket 5 Monate an Gefahr einbringt. Kein Kunde wäre mit einer solchen Bandbreite einverstanden. Stattdessen argumentiert die Risikogleichung, dass einzelne Arbeitspakete auch schneller fertig sind, und daher mit einem Gesamtverzug von 10 Einzelrisiken × 5 Monate × 20 Prozent = 10 Monate zu rechnen ist. Die zehn Monate können Sie leichter abfedern als die 50 Monate.

Die Addition aller Risiken erlaubt, den Gesamtschaden mit einem Gesamtaufwand zur Abschwächung zu vergleichen und in die Kalkulation mit einzubeziehen. Wenn Sie für alle Risiken bewerten, welchen Konsequenzen Sie ausgesetzt sind (Ausmaß und Wahrscheinlichkeiten), und diese Schäden summieren, erhalten Sie den Aufwand, den diese Schäden im Durchschnitt von Ihnen – zusätzlich – verlangen. Im obigen Beispiel waren das 10 Monate Gesamtverzug. Wenn Sie nun jeweils den berechneten Aufwand zur Abschwächung der Risiken zusätzlich einkalkulieren, werden Sie auf lange Zeit gerade null auf null herauskommen. Wenn Sie im Beispiel also entscheiden, auf dem kritischen Pfad einen Puffer von 10 Monaten einzubauen (oder pro Arbeitspaket einen Monat Puffer zu nehmen), dann werden Sie gerade den Termin halten können. Sie müssen in der Projektkalkulation diesen Zusatzaufwand für die Risikoabschwächung mit aufnehmen, um bei mehreren Projekten am Ende keinen Verlust zu machen. Ignoranz dieses Risikos würde dazu führen, dass Projekte stochastisch einmal schneller und einmal langsamer fertig werden, was Ihre Kunden nicht zufrieden stellt. Risikobewertung ist also ein Instrument zur Projektplanung und Kostenschätzung.

> Die systematische Risikobetrachtung hilft dabei, Abläufe und Prozesse systematisch dort zu verbessern, wo es am meisten Nutzen bringt. Üblicherweise wird man das gleiche Risiko nicht ständig in der gleichen Form behandeln, denn es ist ineffizient und verlangt hohe Zusatzkosten. Tritt ein Risiko häufig auf oder ist es gar in einem Projekt mehrfach vertreten, sollte man sich auch die Ursachen betrachten und sie dort eliminieren, wo es den größten Nutzen bringt.

Im obigen Beispiel des Projekts mit den zehn Arbeitspaketen, die einen Puffer von jeweils einem Monat benötigen, weil die Schätzung mit großen Unsicherheiten behaftet ist, wird man sich die Schätzregeln und eventuell die Anforderungen genauer betrachten, um die Unsicherheiten systematisch zu reduzieren. Ein verbesserter Planungsprozess kann etwa die Verzüge auf zwei Monate reduzieren, indem mit agilen Projektinkrementen gearbeitet wird, die wöchentlich neu bewertet werden. Die Anforderungen könnten individuell auf ihre Unsicherheiten abgeklopft werden, und jene mit der größten Unsicherheit separat mit direktem Kundenkontakt geklärt werden, um die Eintrittswahrscheinlichkeit von 20 Prozent auf 10 Prozent zu reduzieren. Damit reduzieren sich

die zusätzlichen Projektkosten durch dieses Risiko und seiner Abschwächung in Form von Puffer von 10 Monaten auf 10 Einzelrisiken × 2 Monate × 10 Prozent = 2 Monate! Wir könnten also vor dem nächsten Projekt bis zu 8 Monate Aufwand investieren, um die Planungsprozesse zu
verbessern, und werden dennoch bereits im darauf folgenden (vergleichbaren) Projekt einen konkreten Spareffekt erreichen.

**Die quantitative Betrachtung von Risiken erlaubt systemische Ana-
lysen von zusammengesetzten Risiken.** Sind die Ereignisse disjunkt
und haben nichts miteinander zu tun, dann können die Risiken addiert
werden. Bei zwei völlig unabhängigen aber vergleichbaren Lieferanten, die ein Ausfallrisiko von jeweils 10 Prozent haben, beträgt die
Wahrscheinlichkeit, dass mindestens einer ausfällt, ungefähr 20 Prozent
(exakt: $0,1 + 0,9 × 0,1 = 19$ Prozent). Bei einer Kette von abhängigen
Ereignissen, werden die Wahrscheinlichkeiten multipliziert. Benötigen Sie drei Lieferanten mit einem Ausfallrisiko von 10 Prozent, so
berechnet sich die Wahrscheinlichkeit, dass alle drei liefern können zu
$0,9 × 0,9 × 0,9 = 73$ Prozent. Redundanz kann zur Minderung von Risiken
eingesetzt werden. Sie kennen das aus verteilten Rechnersystemen. Beispielsweise läuft bei Google jeder Query parallel auf mehreren Rechnern,
und die schnellste Antwort wird geliefert. Durch diese redundante Strategie werden Performanzrisiken, beispielsweise im Antwortverhalten,
wirkungsvoll gemindert und gleichzeitig würde selbst ein Rechnerab-
sturz von Ihnen nicht bemerkt. Damit reduziert Google eines seiner
Hauptgeschäftsrisiken, nämlich dass die Benutzer zu einer anderen
Suchmaschine abwandern, weil das Antwortverhalten zu langsam ist.
Auch für Redundanzen können Sie wieder mit Risiken rechnen. Läuft
der Query parallel durch drei Rechner mit einer Wahrscheinlichkeit für
Verzögerungen von jeweils 10 Prozent, dann errechnet sich die Gesamt-
wahrscheinlichkeit einer Verzögerung zu $0,1 × 0,1 × 0,1 = 0,1$ Prozent.
Redundanzen sind ein sehr effektives Mittel zur Herabsetzung der Ein-
trittswahrscheinlichkeit von Risiken – aber sie kosten den Extraaufwand
der Vorhaltung redundanter Systeme.

3.2   Die Bewertung einfach halten

Viele Menschen, gerade mit technischer oder naturwissenschaftlicher Ausbildung, sträuben sich häufig gegen eine Quantifizierung von unscharfen oder unsicheren Informationen. Sie ignorieren Risiken aufgrund der Unzulänglichkeiten und Unsicherheiten der zugrunde liegenden Informationen. Sie argumentieren, dass sich komplexe Planungs- oder Entwicklungsprozesse nicht über einen Kamm scheren lassen und mit Prozentzahlen bewerten lassen. Sie weigern sich, Risiken quantitativ zu bewerten, wenn die Faktenlage dies nicht in einer geschlossenen und damit direkt berechenbaren Form erlaubt. Dies liegt daran, dass unsere mathematische Ausbildung unscharfe Logik (sog. Fuzzy Logik) außen vor lässt. Für das Risikomanagement müssen wir das nachholen. Risiken sind nur selten hart und eindeutig bewertbar. Spätestens in der wirtschaftlichen und unternehmerischen Bewertung, also beispielsweise ob ein Produkt frei gegeben werden soll, kommen auch subjektive und weiche Kriterien zum Einsatz. Ein Unternehmen, das unbedingt einen Auftrag will, um den Cash-Flow zu verbessern, wird höhere Risiken in Kauf nehmen, als eines, das aktuell gut ausgelastet ist.

> Halten Sie die Risikobewertung einfach und nachvollziehbar. Es geht nicht um mathematische Genauigkeit, sondern darum, dass die wesentlichen Risiken nachhaltig abgeschwächt werden! Risikomanagement scheitert, wenn die Risikobewertung zu kompliziert aufgesetzt wird oder im Anschluss an die Bewertung nichts passiert.

Die Ökonomen tun sich hier leichter, denn sie bewerten häufig nur qualitativ, und oftmals subjektiv, da die Rohinformationen unvollständig sind. In der Tat wurde gezeigt, dass auch eine subjektive und unvollkommene Risikobewertung immer genutzt werden kann, um die Methoden der Entscheidungsfindung unter Unsicherheit anzuwenden. Man nutzt immer die besten verfügbaren Informationen.

Bei der Risikobewertung geht es um Wiederholbarkeit und Aussagekraft. Das Ziel einer solch einfachen aber formalisierten Bewertung

Wahrscheinlichkeit

Stufe	Wert	Kriterien
5	so gut wie sicher	alles deutet darauf hin, dass dieses Risiko zum Problem wird
4	sehr sicher	große Wahrscheinlichkeit, dass dieses Risiko zum Problem wird
3	wahrscheinlich (50/50)	gleichverteilte Chance, dass dieses Risiko eintritt
2	unwahrscheinlich	manchmal wird dieses Risiko zum Problem
1	fast unmöglich	sehr unwahrscheinlich, dass dieses Risiko jemals eintritt

Auswirkung

Stufe	Wert	Technische Kriterien	Kosten-Kriterien *	Zeitrahmen-Kriterien *
5	katastrophal	keine Kontrolle möglich	> 50 M€	Abbruch
4	kritisch	gravierende Mängel, Schäden	10-50 M€	Einfluss auf Folgeprojekt
3	mittelmäßig	beträchtliche Abweichungen	1-10 M€	Beträchtlich; Umplanung
2	gering	Performanzeinflüsse	0,1-1 M€	< 1 Monat Verzögerung
1	vernachlässigbar	unbedeutend	unbedeutend	unbedeutend

* unternehmensspezifisch angepasst

Abb. 3.1 Einfache und nachvollziehbare Skalierung

ist es, zu verhindern, dass Risiken systematisch überschätzt oder unterschätzt werden. Wenn wir meinen „in control" zu sein, dann unterschätzen wir Risiken systematisch, und wenn wir das Gefühl haben, dass wir dem Risiko ausgeliefert sind, dann neigen wir dazu, die Risiken zu überschätzen. Einfache Skalentypen sind besser als falsche Genauigkeit bei der Berechnung. Ob Ihr Lieferant beispielsweise mit 21 oder 27 Prozent Wahrscheinlichkeit nicht liefert, ist nahezu egal. Wichtig ist es, dass Sie das Ausfallrisiko einplanen. Auch qualitative Verfahren finden in der Risikobewertung ihren Einsatz (z. B. Failure Mode and Effect Analysis: FMEA).

Abbildung 3.1 zeigt eine ganz pragmatische Klassifizierung von unscharfen Informationen, die ganz ohne Fuzzy Logik auskommt. Anstatt einer pseudo-genauen Prozentangabe wird eine Rangskala mit nur fünf Stufen eingeführt. Genaue Abbildungsvorschriften auf die fünf Stufen erhöhen die Reproduzierbarkeit. Diese Abbildungsvorschriften sind natürlich unternehmensspezifisch und sollten nicht aus der Abbildung direkt übernommen werden. Da eine ungerade Anzahl von Gruppen manchmal dazu führt, dass man sich gerne in der gefühlten Mitte aufhält, obwohl das hier keinen Sinn macht, da die Risiken damit bereits wahrscheinlich sind, setzen wir bei manchen Kunden und Kulturen eine geradzahlige Skala ein, damit man sich für eine Ausprägung entscheiden muss.

Die Auswirkungen sollten immer so konkret und mit Bezug auf tatsächliche (Projekt-)Ziele beschrieben werden, wie möglich. Bei den Projektzielen sollten Verzögerungen oder zusätzliche Kosten direkt in Tagen und Euros beschrieben werden, um später den Vergleich mit den Aufwendungen für die Risikoabschwächung zu erlauben. Im früheren Beispiel des Projekts mit Verzugsrisiko werden die 20 Prozent Wahrscheinlichkeit eines fünfmonatigen Verzugs in 1 Monat Gesamtverzug und entsprechende zusätzliche Projektkosten umgerechnet. Abstrakte Risikolisten lassen es nicht zu, Aufwand zur Abschwächung einzuplanen. Dieser Zusatzaufwand für das Risikomanagement kann nur gerechtfertigt werden, wenn dagegen ein Verlust steht, der ohne Abschwächungsmaßnahmen eintreten kann.

Zur besseren Vergleichbarkeit werden die so bewerteten Risiken in einer Einflussmatrix dargestellt. Abbildung 3.2 skizziert diese Matrix. Horizontal werden die Auswirkungen in fünf Stufen unterteilt, während vertikal die Eintrittswahrscheinlichkeit in fünf Stufen unterteilt ist (vgl. Abb. 3.2 für diese Einstufung). Offensichtlich sind die Risiken oberen rechten Bereich der Matrix jene, die im Risikomanagement betrachtet werden. Selbstverständlich kann die Matrix auch mit 3 oder 7 Rangabstufungen dargestellt werden. Zudem lassen sich exakte Werte speziell für ähnliche Risiken (also wenn beispielsweise alle Auswirkungen auf Zusatzkosten in Euro normiert wurden) auch auf einer präziseren Skala darstellen. Unsichere Einstufungen lassen sich als Balken oder verschwommene Felder darstellen. **Vermeiden Sie pseudopräzise Risikobewertungen. Lernen Sie im Risikomanagement mit Unschärfe und Unsicherheit umzugehen.**

Das folgende **Beispiel** zeigt diesen Ansatz für ein Projekt, in dem entschieden werden soll, ob ein zusätzlicher Regressionstest eingesetzt werden soll oder nicht. Abbildung 3.3 zeigt die verschiedenen Möglichkeiten und deren Bewertung. Die Testkosten für diesen Schritt betragen mit Regressionstest 5 Mio. Euro und ohne nur 1 Mio. Euro. Falls der Fehler beim Kunden auftritt, sei mit Strafkosten von 25 Mio. Euro zu rechnen. Die Wahrscheinlichkeiten wurden modellhaft angenommen und können auch durch eine Rangskala ersetzt werden, falls keine genauere Zuverlässigkeitsmodellierung im Projekt zur Verfügung steht. Die Risiken werden für die beiden Entscheidungsalternativen summiert, um bewerten zu können, welche Alternative genommen wird.

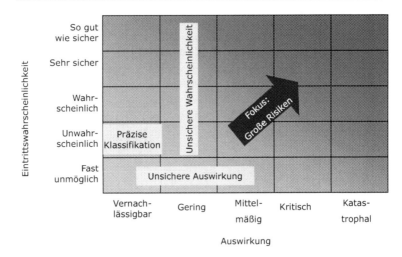

Abb. 3.2   Einflussmatrix zur Bewertung von Risiken

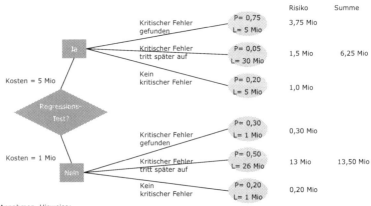

Annahmen, Hinweise:
Testkosten mit Regressionstest: 5 Mio, ohne Regressionstest: 1 Mio; Fehlerkosten: 25 Mio
P: Wahrscheinlichkeit eines nicht gewünschten Ereignisses
L: Verlust bei dessen Eintritt

Abb. 3.3   Risikobewertung am Beispiel Regressionstest Ja oder Nein

Im Falle des Regressionstests (obere Hälfte), fallen auf jeden Fall die Kosten von 5 Mio. Euro an. Die Wahrscheinlichkeit, dass damit ein kritischer Fehler gefunden wird, sei höher (75 Prozent), als im Fall, wenn kein Regressionstest ausgeführt wird (untere Hälfte). Die Wahrscheinlichkeit, dass kein kritischer Fehler vorliegt sei in beiden Fällen 20 Prozent. Damit lassen sich die Risiken in beiden Fällen bewerten und summieren. Das Gesamtrisiko mit Regressionstest errechnet sich zu 6,25 Mio. Euro, während es ohne Regressionstest mehr als doppelt so hoch ist. Bei einem derartigen Unterschied wird man den Regressionstest wählen.

3.3 Schätzung und Unsicherheit im Projekt

Projekte in Entwicklung und IT haben viele Unsicherheiten und Risiken. Wäre alles klar und deutlich, dann könnte man die Arbeit in einer Softwarefabrik in einem Niedriglohnland sehr viel besser erledigen lassen. Die relevanten Unsicherheiten, um die sich das Risikomanagement kümmert, sind:

- Schätzungen für Aufwand und Dauer sind ungenau und stehen auf unsicheren Annahmen
- Kunden wollen kurzfristige Änderungen nach Projektstart
- Technische Probleme treten auf, nachdem man einen Entwurf gemacht hat
- Lieferanten liefern nicht exakt nach der Spezifikation
- Externe Komponenten lassen sich nicht integrieren
- Mitarbeiter haben nicht die benötigten Kenntnisse und Erfahrungen
- Arbeitsabläufe liefern unzureichende Qualität oder brauchen zu lange

Aber was heißt eigentlich „unsicher"? Wie können Sie mit diesen Unsicherheiten umgehen? Die erste Maßnahme: **Unterscheiden Sie zwischen unsicher und unwissend!** Unsicherheiten werden durch Risikomanagement in ihren Auswirkungen eingeschränkt. Das ist der Stoff dieses Buchs. Unwissenheit und Ahnungslosigkeit dagegen führen erst recht zu Problemen.

Unsicherheit im Projekt lässt sich am einfachsten mit einem einfachen **Beispiel** erläutern. Im Szenario, das wir betrachten, soll ein Projekt am 1. Januar beginnen. Der Produktmanager fragt sich, welchen Liefertermin er den Kunden und seinem Management kommunizieren soll. Er beginnt daher mit der Schätzung. Die erste Frage lautet also: Wann wird das Projekt unter den gegebenen Randbedingungen fertig? Der gleiche Ansatz wird natürlich auch für die Kosten gefahren, wird aber im Beispiel nicht betrachtet. Typische Schätzungen nehmen Informationen bottom-up aus Teilprojekten, von erfahrenen Systemanalytikern, aus den beteiligten Teams oder aus einem Arbeitsplan mit kritischem Pfad. Sie sehen folgendermaßen aus:

• Vor Mai ist es unmöglich.
• Wenn alles gut geht, ist das zweite Quartal möglich.
• Im Juli/August besteht eine realistische Chance für eine Auslieferung.
• Um absolut sicher zu sein, muss man bis März im kommenden Jahr warten.

Das lässt sich grafisch auswerten und führt zu einer angenäherten **Wahrscheinlichkeitsverteilung** (Abb. 3.4, obere Kurve). Sie zeigt die Wahrscheinlichkeit für den Abschluss zu einem *bestimmten* Termin. Vor dem Monat 5 (Mai) ist es unmöglich, das Projekt zu einem bestimmten Termin zu beenden. Die Wahrscheinlichkeit ist also null. Die Monate Juli/August bieten eine realistische Chance für die Auslieferung. Die Wahrscheinlichkeitsverteilung erreicht ihr Maximum. Der März im kommenden Jahr ist sicher, weil er erlaubt, das Projekt im Vergleich zum Juli-Termin zweimal zu machen. Das Projekt kann bis Monat 15 sicher abgeschlossen werden. Daher ist die Wahrscheinlichkeit für einen Abschluss zu irgendeinem Termin nach dem März im kommenden Jahr wieder gleich null. Diese einzelnen Punkte werden zu einer stetigen Kurve verbunden, da sie mehr Aussagekraft hat. Sie hat in der Regel die Form, wie in der oberen Abbildung, also einen Maximalwert kleiner als eins und links und rechts eine Annäherung an null. Sie lässt sich durch eine Dreiecksfunktion approximieren, wenn man nur die Extremwerte und den Erwartungswert annehmen will.

Die untere Kurve in Abb. 3.4 zeigt die **Verteilungsfunktion**, also die Integration (oder Kumulation bei diskreten Verteilungen) der einzelnen Werte der Wahrscheinlichkeitsverteilung. Diese Kurve eignet sich sehr viel besser für das Projektmanagement als die obere Kurve. Sie zeigt die

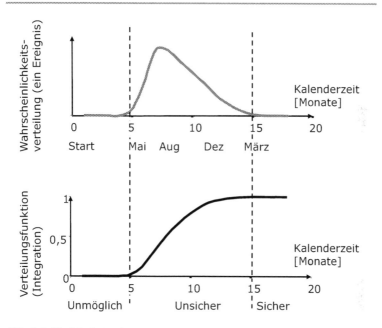

Abb. 3.4 Unsicherheiten bewerten

Wahrscheinlichkeit, bis zum Termin auf der horizontalen Achse abzuschließen. Die Wahrscheinlichkeit bis August abzuschließen beträgt also
etwas mehr als 50 Prozent.

In der Regel steht nicht die Frage im Raum, mit welcher Wahrscheinlichkeit der 31. Juli als Liefertermin präzise gehalten werden kann, sondern mit welcher Wahrscheinlichkeit das Projekt bis zum 31. Juli fertig
wird. Die obere Funktion stellt also für *einen bestimmten Tag* die Wahrscheinlichkeit des Projektabschlusses dar, während die untere Kurve die
Wahrscheinlichkeit *bis zum jeweiligen Termin* darstellt. Es gibt hier keinen berechenbar optimalen Liefertermin. Verträge beinhalten immer Risiken, die auf beiden Seiten gemanagt werden müssen.

Die Kurvenbreite (oder auch die **Unsicherheit**) hängt von der **Prozessfähigkeit** der IT- oder Entwicklungsorganisation ab. Wir definieren
die Unsicherheitsbreite = unsicherer Bereich/unmöglicher Bereich. Im
Beispiel des Projekts errechnet sich die Unsicherheitsbreite zu 10 Mo-

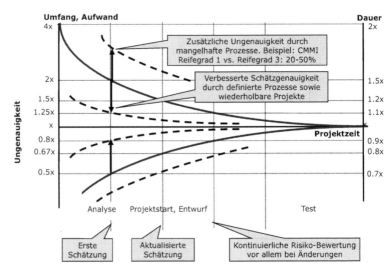

Abb. 3.5 Erwartete Schätzgenauigkeit

nate/5 Monate = 2,0. Als Faustregel können Sie mit folgenden Werten rechnen:

- einfaches Projekt, kleines Risiko: 0,2
- normales Risiko: < 1,0
- hohes Risiko: > 1,5

Schätzungen im Projekt hängen von der vorhandenen Erfahrung und den eingesetzten Prozessen ab. Abbildung 3.5 zeigt die Schätzgenauigkeit abhängig von der Projektphase, wie wir sie auch im Buch „Software Measurement" empirisch detailliert haben. Schwache Prozesse (d. h. die äußere gestrichelte Linie) führen zu hohen Termin- und Kostenrisiken. Definierte Prozesse in wiederholbaren Projekten (d. h. die innere gestrichelte Linie) sollten zu Projektstart eine Ungenauigkeit unter 10 Prozent erreichen. Das haben wir in vielen Kundenprojekten umgesetzt, aber es verlangt Disziplin, vor allem bei der Anforderungsermittlung, in der Planung und bei Änderungen.

Unterscheiden Sie sorgfältig zwischen einer Schätzung und einem Ziel. Die Schätzung ist unscharf und beschreibt eine Verteilung, die von vielen Parametern abhängt. Das Ziel ist präzise und sollte – vorzugsweise – auf einer Schätzung basieren, um erreichbar zu sein. Manchmal muss ein Ziel vereinbart und kommuniziert werden, das nicht erreichbar ist. Aufgrund der Schätzung wird das Risiko, dass dieses Ziel nicht erreicht wird, in verschiedene Richtungen abgeschwächt. Selbst dann muss man allerdings zwischen Zielvorgabe und Schätzung oder Planung trennen, um nicht den Fehler zu machen, ein unrealistisches Ziel zu setzen, an das niemand glaubt und das die Motivation und die Qualität der Ergebnisse ruiniert. Die Konsequenzen aus diesen einfachen Zusammenhängen sind in der Praxis dramatisch und erklären, weswegen es so viele Missverständnisse zwischen den Entwicklern und Projektteams auf der einen Seite und deren Management oder dem Vertrieb auf der anderen Seite gibt.

> Lassen Sie sich nicht vorschnell auf vermeintliche Ziele ein. Stellen Sie Ziele in Frage, um den Nutzen dahinter zu verstehen. Viele Ziele sind nur Luftballons, die testweise gestartet werden. In der Regel nennen selbst erfahrene Entwickler und Projektmanager den ersten möglichen Termin intuitiv als realistische Zielvorgabe. Dies wird häufig dadurch forciert, dass man noch nicht alle Sonderfälle kennt und das Management (oder die Kunden) darauf drängen, das Produkt möglichst schnell wirtschaftlich einsetzen zu können.

Das Gebührensystem „Toll Collect" machte diesen klassischen Fehler in der Planungsphase. Den verschiedenen Schlüsselpersonen kam dieser frühestmögliche Termin natürlich gerade Recht, denn das Ministerium wollte möglichst rasch die Einnahmen im Haushalt unterbringen, während die Hersteller den Nutzen realisieren wollten. Zugunsten des Projektmanagement muss man allerdings hinzufügen, dass nicht der Fehler gemacht wurde, klein beizugeben und eine schlechtere Lösung zu installieren. Am Ende hat es die Zeit gedauert, die man bereits anfangs schätzen konnte und ist eine solide technische Lösung geworden, die sich international vermarkten lässt.

Ziele
▶ Extern
▶ Geschäftsziele
▶ Beispiele:
  Anforderungen,
  Kosten

Verstehen,
anpassen,
abstimmen

Schätzung
▶ Intern
▶ Beeinflusst durch
  Abhängigkeiten,
  Unsicherheiten
▶ Beispiele:
  Aufwand, Dauer

Plan
▶ Detaillierung eines Ziels in
  Aktivitäten und Meilensteine, um
  das Ziel zu erreichen
▶ Kombiniert Schätzung und Ziele,
  um Ziele bestmöglich zu erreichen
▶ Methodik: Win-win
▶ Benötigt konkrete Abstimmungen
  mit allen Anspruchsträgern

Abb. 3.6 Ziele, Schätzung, Plan

Das Management wird diesen frühestmöglichen Termin allerdings für immer im Kopf behalten und damit arbeiten. Aber dieser Termin ist sehr unwahrscheinlich wie das Beispiel zeigt. Sie werden ihn nicht erreichen! Verteilungen der Wahrscheinlichkeit spielen auf dieser oberen Managementebene keine große Rolle. Selbst wenn Sie den Zieltermin auf den wahrscheinlichsten Termin legen, werden Sie ihn nur in der Hälfte aller Fälle erreichen. Jeder Termin in der rechten – ebenfalls noch unsicheren – Hälfte hat ebenfalls nur eine Wahrscheinlichkeit und bietet keine Sicherheit. Allerdings will man ja aus den bereits genannten Gründen der Wettbewerbsfähigkeit (im Beispiel vor dem März des kommenden Jahres) keine Sicherheit. Einen sicheren Termin zu wählen, bezahlt Ihnen kein Kunde. Aber man muss die Risiken kennen, bewerten und abschwächen, um sich insgesamt so zu positionieren, dass es kein ständiges Hinterherlaufen wird, das zu Fehlern und verärgerten Kunden führt.

Schätzungen sind Wahrscheinlichkeiten und sollten nicht mit Zielen verwechselt werden. Ein Plan ist der belastbare vereinbarte Kompromiss, um das Ziel bestmöglich zu erreichen. Abbildung 3.6 zeigt den Unter-

schied. Zeichnen Sie daher die obige Kurve in Abb. 3.4 immer, wenn die
ersten Schätzungen vorliegen. Sie hilft Ihnen, zwischen **Ziel** und **Schätzung** sauber zu trennen. Statt komplizierter Kurven genügt übrigens ein
Dreiecksverlauf mit drei Eckpunkten (fast unmöglich, wahrscheinlich:
höchste Wahrscheinlichkeitsdichte, so gut wie sicher).

3.4 Analysetechniken

In der Bewertung von Risiken kommen unterschiedliche Techniken zum
Einsatz. Ganz grob lassen sie sich unterscheiden nach der Art der Folgen
aus Risiken, die sie bewerten. Es gibt die klassischen finanziellen Analysetechniken, wie sie auch im Portfoliomanagement bekannt sind. Dann
gibt es die operativen Analysetechniken, die dabei helfen, Risiken und
Szenarien zu identifizieren. Und es gibt die Projektbewertungstechniken
(z. B. Machbarkeit, Status).

Bei den **finanziellen Analysetechniken** werden die folgenden Techniken unterschieden:

Profitabilität. Modellierung von Umsatz und Gewinnen über die Zeit.
Verschiedene Techniken kommen zur Profitabilitätsanalyse zum Einsatz.
Die Break-even-Analyse untersucht, wann die akkumulierten Nutzen
und Kosten gleich hoch sind und ab wann Geld zurückfließt. Die In-
vestitionsbewertung (z. B. Return on Assets: ROA, Return on Capital
Employed: ROCE) untersucht, welcher Kapitaleinsatz mehr Gewinn
abwirft. Typischerweise sind diese Techniken sehr statisch und ohne
zeitliche Abhängigkeiten. Sie unterstützen die rasche Bewertung vieler
Projektalternativen oder Neuvorschläge, um die schlechtesten Projekte auszufiltern. Eine reine Break-even-Analyse hat den Nachteil, dass
zeitliche Variationen in Investments und Rückflüssen nicht modelliert
werden. Zudem ist sie sehr einseitig auf die finanzielle Seite fixiert.
Der Kapitalwert in Ihrem Projekt sollte immer positiv sein. Der interne Zinsfluss bei der Profitabilitätsberechnung sollte höher sein als der
marktübliche Zinssatz. Die Investitionsdauer beträgt maximal 3–5 Jahre.
Ihr Anteil an Muss-Investitionen im gesamten Portfolio sollte 10 % nicht
übersteigen.

Nutzwertanalyse. Man betrachtet den heutigen Wert (Net Present Value: NPV) eines Investments, um dynamische Entwicklungen in der Zukunft aus heutiger Sicht vergleichen zu können. Am gebräuchlichsten ist der diskontierte Cash Flow. Dabei wird der erwartete Cash Flow über die nächsten Jahre modelliert und auf den heutigen Wert diskontiert. Die Zeitdauer hängt vom Geschäft ab und kann 3–5 Jahre betragen. Anders als bei der Profitabilitätsanalyse werden zeitliche Entwicklungen vergleichbar gemacht. Die Auswahl der Kriterien und deren Gewichtung haben einen erheblichen Einfluss auf den Gesamtwert. Beispielsweise die oft nur vage formulierte „strategische Bedeutung" eines Projekts. Deshalb sollten Sie hier Ihre Entscheidung sorgfältig abwägen.

Risikoadjustierter Wertanalyse. Dieses Verfahren basiert auf der Wertanalyse (also diskontierter Cash Flow) und umfasst zusätzlich eine Risikomodellierung, welche die erwarteten Einnahmen um das angenommene Risiko reduziert. Sollte also ein Projekt nur eine Erfolgsquote von 20 Prozent haben, wird der Rückfluss auf ein Fünftel reduziert. Risiken können dadurch qualitativ modelliert werden. Dieses Vorgehen ist sicherlich besser als eine reine Wertanalyse, berücksichtigt aber nicht die Vielfalt von möglichen Ergebnissen und deren Abhängigkeiten.

Simulierter NPV. Dieses Verfahren erweitert die risikoadjustierte Wertanalyse um eine Simulation der kombinierten Risiken. Häufig sind komplexe Risiken mit unterschiedlichen Wahrscheinlichkeiten oder Abhängigkeiten nicht einfach quantitativ in einem Zusammenhang zu vergleichen. Auch ist die einfache Annäherung, dass ein Projekt eine Erfolgschance von 20 Prozent hat, zu oberflächlich. Also werden verschiedene unsichere Variablen und Abhängigkeiten modelliert (z. B. wie bereits gesehen als Dreiecksfunktionen) und in vielen Durchläufen simuliert (in der Regel mit einer Monte Carlo Simulation). Das Verfahren ist kompliziert, erlaubt aber eine quantitative Risikomodellierung. Professionelles Risikomanagement im IT- und Produktbereich setzt diese Technik immer ein, um Verhaltensweisen mit vielen abhängigen und sich gegenseitig beeinflussenden Risiken zu simulieren.

Innerhalb der **operativen Analysen** werden die folgenden Techniken eingesetzt:

Einflussanalyse. Sie bewertet die verschiedenen Einflussfaktoren eines möglichen schlechten Ergebnisses und untersucht, welche Faktoren die relevanten Ursachen sind. Gewichtungen erlauben, die möglichen Ursachen zu bewerten und sich auf die wesentlichen Faktoren zu konzentrieren, die dann noch weiter untersucht werden. Die Einflussanalyse bewertet die Projekte im heutigen Kontext, und wie sie auf zukünftige Kontextänderungen reagieren werden. Es ist der Notfallplan der Projekte. Stellen Sie die folgenden Fragen, um die relevanten Szenarien zu identifizieren: Was sind die wichtigsten Einflüsse auf Ihre Projekte? Welche Risiken dominieren? Formulieren Sie nun konkrete Szenarien (global und pro Projekt). Wie werden Sie reagieren, wenn sich bestimmte Randbedingungen ändern? (z. B. was würden Sie mit einem halbierten Budget noch finanzieren können?). Ein klassisches Beispiel ist das so genannte Ichikawa- oder Fischgräten-Diagramm. Dabei wird auf der rechten Seite eines Blatts ein Problem notiert (z. B. Verzug) und nach links hin entwickelt, was die Einflussfaktoren sind, und wie stark sie gewichtet sind.

Szenarienanalyse. Die **Szenarienanalyse** geht den umgekehrten Weg. Sie betrachtet verschiedene alternative Szenarien und modelliert in einem Entscheidungsbaum, welche dieser Alternativen den größten Wert generiert.

Empfindlichkeitsanalyse. Häufig sind nicht nur die Einflussfaktoren wichtig, sondern auch die Untersuchung, wie sich bestimmte Änderungen dieser Faktoren auf das Gesamtergebnis auswirken. Welchen Effekt hat die Änderung eines Parameters, den Sie selbst kontrollieren können? Dazu werden die verschiedenen relevanten Faktoren in einem Zusammenhang modelliert (z. B. mit einer Schätzgleichung oder einer Monte Carlo Simulation) und dann deren Parameter gezielt beeinflusst. Dadurch erhält man einen Überblick, wie sich Änderungen in Szenarien auswirken können, beispielsweise die Verlängerung der Projektdauer, die Änderungen von Anforderungen oder die verzögerte Lieferung einer Komponente. Das bekannteste Verfahren ist die **Paretoanalyse**. Sie untersucht, welcher Faktor den größten Einfluss hat und wie der Abstand zum zweiten Faktor ist. Sie erlaubt, sich auf wesentliche Aspekte zu konzentrieren und unwesentliche zu vernachlässigen. Bei Fehlerursachen beispielsweise kann man sich sehr rasch verzetteln und erreicht am Ende gar nichts. Wenn man stattdessen nur die wichtigste Ursache betrachtet und ihren Einfluss oder ihr Auftreten reduziert (durch Checks, Inspektionen, etc.), kann man effektiv die Gesamtzahl der Fehler(quellen) im Projekt reduzieren und damit die Qualität verbessern.

Trendanalyse. Um die dynamischen Einflüsse bewerten zu können, wird die **Trendanalyse** eingesetzt. Sie betrachtet, wie sich die getroffenen Annahmen über die Zeit verhalten. Gibt es zyklische Effekte, die sich erst später auswirken? Das bekannteste Verfahren innerhalb der Trendanalyse ist die **Zeitreihe**, die vor allem zyklische Effekte deutlich machen kann.

Machbarkeitsstudie. Projektrisiken werden vor dem Start eines Projekts durch eine **Machbarkeitsstudie** evaluiert. Eine der bekanntesten Methoden dafür ist die Putnam-Formel, die den zu erwartenden Aufwand für ein Projekt in ein Verhältnis setzt mit dem Projektumfang, der Produktivität der beteiligten Mitarbeiter sowie der zur Verfügung stehenden Zeitdauer (Aufwand ist proportional zu $Umfang^3/Produktivität^3/Zeitdauer^4$. Beachten Sie dabei, dass die Beziehungen nichtlinear sind. Putnam hatte herausgefunden, dass sich der Aufwand bei einer Umfangsveränderung überproportional verändert. Noch stärker wirkt sich eine Verkürzung der zur Verfügung stehenden Zeitdauer auf den Aufwand aus. Ähnliche Beziehungen hatten auch B. Boehm in seinem Constructive Cost Model (CoCoMo) sowie C. Jones in seinem Knowledge-Plan gefunden.

Abbildung 3.7 verdeutlicht diese Zusammenhänge qualitativ. Rechts oben ist die Putnam-Formel beschrieben und dann in der Grafik als Kurvenscharen dargestellt, die Aufwand und Dauer in ein Verhältnis bringen. Offensichtlich sind die Kurvenscharen parametrisiert, hier mit dem Projektumfang (in Function Points oder ausführbaren Codezeilen), der Produktivität (die Sie aus früheren Projekten herleiten müssen) und verschiedenen Umgebungsfaktoren, die hier nicht diskutiert werden (z. B. die eingesetzte Programmiersprache, der Wiederverwendungsanteil, etc.). Nun lassen sich verschiedene Szenarien durchspielen, also eine Einflussana-

Projektszenarien ① bis ④

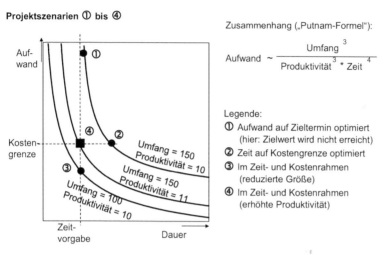

Zusammenhang („Putnam-Formel"):

$$\text{Aufwand} \sim \frac{\text{Umfang}^{3}}{\text{Produktivität}^{3} * \text{Zeit}^{4}}$$

Legende:
① Aufwand auf Zieltermin optimiert
   (hier: Zielwert wird nicht erreicht)
② Zeit auf Kostengrenze optimiert
③ Im Zeit- und Kostenrahmen
   (reduzierte Größe)
④ Im Zeit- und Kostenrahmen
   (erhöhte Produktivität)

Abb. 3.7 Machbarkeitsstudie abhängig von Projektparametern

lyse vornehmen. Abbildung 3.7 zeigt vier solcher Szenarien, in denen zunächst nach verfügbarem Budget oder Zeit optimiert wird. Beachten Sie, dass die Kurven selbst qualitativ dargestellt sind. Beide Ziele gleichzeitig lassen sich bei den gegebenen Randbedingungen nicht erreichen. Abhilfe schafft also nur, auf eine andere Kurve zu springen, wie es im dritten Szenario durch reduzierte Inhalte ermöglicht wird. Schließlich gibt es noch die schwierige Alternative, nämlich die Produktivität zu erhöhen. Sie sollten diese Option nicht völlig ausklammern, denn sie ist es, die den Wettbewerb am Laufen hält.

Die **Produktivität** lässt sich mit etwas Erfahrung gezielt erhöhen. Punktuelle Prozessverbesserungen und mehr Wiederverwendung schaffen eine kontinuierliche Produktivitätserhöhung. Dazu sollten Sie nach jedem Projekt Erfahrungswerte sammeln, bewerten, und 1–2 Punkte gezielt verbessern. Innerhalb eines Projekts sind 10–20 Prozent zu schaffen, wenn die Zielvorgaben erhöht werden, die Teams ungestört arbeiten können, und der Fortschritt regelmäßig verfolgt wird, beispielsweise mit Techniken des Scrum und Earned Value Managements.

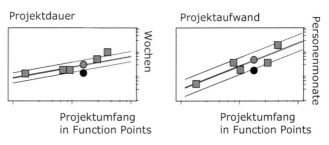

Abb. 3.8 Machbarkeit eines Projekts

Auf dieser Basis kann ein vorgeschlagenes Projekt sehr einfach im Kontext früherer Projekterfahrungen bewertet werden. Abbildung 3.8 zeigt dieses Vorgehen, bei dem zunächst einmal frühere ähnliche Projekte innerhalb von Umfang, Dauer und Aufwand positioniert werden. Die drei Linien zeigen den Median sowie Linien für jeweils eine tolerierte obere und untere Grenze, die in der Regel die Schätzgenauigkeit darstellt. Soweit genügend Datenpunkte in der Erfahrungsdatenbank gesammelt sind, können auch der Durchschnitt sowie jeweils eine Standardabweichung nach oben und unten dargestellt werden. Nun wird das derzeit geplante Projekt anhand seiner Parameter eingetragen (schwarzer Punkt). Schließlich berechnet man aus der Putnam-Formel für die gleichen Eckdaten (Umfang, Umgebung, Produktivität) die geschätzte Dauer und den geschätzten Aufwand (kleiner Kreis in den zwei Diagrammen). Wie man leicht erkennt, wurde das Projekt viel zu optimistisch geplant. Kein früheres Projekt hat bei diesem Umfang der Anforderungen eine so kurze Dauer bei gleichzeitig sehr geringem Aufwand erreicht. Das Risiko einer Termin- und Kostenüberschreitung ist zu hoch, und das Projekt sollte nochmals neu geplant werden.

Die Bewertungstechniken kommen situativ zum Einsatz. Sie sollten nicht nur zur Bewertung aktueller Risiken einsetzbar sein, sondern darüber hinaus auch die anderen Prozessschritte des Risikomanagement unterstützen. Eine gute Bewertung überprüft beispielsweise auch die Mög-

Risikobewertung Prozessschritte	C1	C2	C3	C4	C5	C6	C7
Erkennen	✓	✓	✓	✓	✓	✓	✓
Bewerten		✓	✓	✓	✓	✓	✓
Abschwächen		✓	✓	✓	✓		
Kontrollieren					✓		
Strategie	✓	✓	✓	✓	✓	✓	✓

Abb. 3.9 Bewertung des Risikofaktors „Aufwandschätzung"

lichkeiten der Risikokontrolle, um zu verhindern, dass zu viele künstliche Metriken und Checks nötig werden. Am Beispiel der Aufwandschätzung soll diese Prüfung dargestellt werden (Abb. 3.9). Zuerst werden verschiedene Bewertungsfragen gestellt:

- C1: Welches Schätzverfahren wird eingesetzt? (Vermutung, Analogie, Bottom-Up, Top-Down, Arbeitspakete)
- C2: Wird ein Software Kostenmodell eingesetzt? (Nein, spontan, etabliert aus früheren Projekten)
- C3: Basiert die Schätzung auf gemessenen Produktivitätswerten? (Nein, ja aus gleichem Umfeld)
- C4: Beziehen sich Zeitschätzungen auf Erfahrungen früherer Projekte? (Nein, ja aus gleichem Umfeld)
- C5: Werden Schätzungen monatlich oder öfters revidiert? (Nein, ja monatlich oder öfters)
- C6: Wie ungenau waren Ihre jüngsten Aufwandschätzungen im Vergleich zum tatsächlichen Aufwand? (sehr groß: > 100 Prozent, akzeptabel; 10 Prozent, Perfekt: unter 5 Prozent)
- C7: Wie ungenau waren Ihre jüngsten Zeitschätzungen im Vergleich zu der tatsächlichen Projektdauer? (sehr groß: > 100 Prozent, akzeptabel; 20 Prozent, Perfekt: unter 10 Prozent)

Diese verschiedenen Checks zur Bewertung eines Risikos werden nun auf die fünf Prozessschritte des Risikomanagement abgebildet, um die Vollständigkeit der Prozessabdeckung zu prüfen. Man stellt fest, dass die verschiedenen Checks mit unterschiedlicher Intensität auf die fünf Schritte des Risikomanagement abbildbar sind. Beispielsweise deckt C2

(Kostenmodell) alle Prozessschritte mit Ausnahme der Kontrolle ab. Nur wenn alle fünf Schritte abgedeckt sind, reicht der vorhandene Prozess (hier Aufwandschätzung) zum Risikomanagement des entsprechenden Risikofaktors aus.

Nicht alle Risiken werden behandelt. Zwei Gründe dafür haben wir bereits kennen gelernt. Die Eintrittswahrscheinlichkeit könnte vernachlässigbar sein. Oder die Konsequenzen aus dem Eintritt des Risikos sind verschwindend gering (z. B. kurze Abwesenheit eines Mitarbeiters).

Aber auch Auswirkungen, die sich aus Ihrer Situation und Position im Projekt nicht abschwächen lassen (z. B. Katastrophen, Firmenübernahme), gehören in die Kategorie der Risiken, die Sie nicht weiter verfolgen sollen. Manche Risiken lassen sich auch auf andere Schultern verteilen. Dann ist das Risiko nicht mehr Ihr eigenes Risiko. Sie müssen die wenigen Risiken herausfiltern, die relevant sind. Die Risikobewertung muss Techniken liefern, die es erlauben, sich auf diese relevanten Risiken zu konzentrieren.

Dazu wird neben der **finanziellen Bewertung**, die Sie bereits kennen gelernt haben, die **Kundenzufriedenheit** als Maxime eingesetzt. Kunden müssen wiederkommen, um Umsatz zu generieren, der wiederum Voraussetzung für Profite ist. Kundenzufriedenheit hat verschiedene Faktoren, wie

- Qualität (Übereinstimmung mit vereinbarten Anforderungen, Zuverlässigkeit, Verfügbarkeit)
- Kosten (im Rahmen der Übereinstimmung mit den relevanten Anforderungen)
- Liefertreue (Zeit und Funktionalität)

Ein unzufriedener Kunde multipliziert seine Erfahrungen zwei- bis fünf Mal stärker als ein zufriedener Kunde. Die Messung der Kundenzufriedenheit ist ein heute weit verbreitetes (Marketing-) Instrument und hilft, Entscheidungen in ein wiederholbares Schema zu packen. Wenn Sie beispielsweise Risiken bei den Kosten und der Qualität sehen, aber nur eines dieser beiden Risiken gezielt abschwächen können, dann sollten Sie untersuchen, welches daraus resultierende Problem die Kunden unzufriedener macht und eventuell zu einem Lieferantenwechsel führen kann.

3.5 Beispiel: Investitionsentscheidung

Ein kleines Beispiel zeigt den Einsatz finanzieller Analysetechniken auf. Es geht darum, ein vorgeschlagenes IT-Projekt im praktischen Kontext des Unternehmens und der Geschäftsprozesse hinsichtlich seiner finanziellen Risiken zu bewerten. Das Beispiel ist so konstruiert, dass **Investitionsentscheidungen** und **Cash Flow-Analysen** bei unscharfen Randbedingungen eingesetzt werden müssen. Es zeigt, wie eine konkrete Entscheidungsunterstützung aus der finanziellen Analyse kommen kann, selbst wenn die Randbedingungen nur sehr holzschnittartig festgelegt werden können.

Die Situation: Ein neues IT-Projekt soll gestartet werden. Sie sehen bei den Schätzungen beträchtliche Unsicherheiten, weswegen Sie mit Bandbreiten arbeiten wollen. Ihre Experten nennen Ihnen die folgenden Intervalle. Abbildung 3.10 zeigt zunächst die Ausgaben als Intervall.

Die Verteilung wird als gleichmäßig (symmetrisch) angenommen. Daher betragen die Gesamtkosten für die Entwicklung und Installation zwischen 1700 Tsd. Euro und 2600 Tsd. Euro mit einem Durchschnitt (hier gleich Median) von 2150 Tsd. Euro. Dazu kommen jährliche Wartungskosten in einem geschätzten Bereich von 200–400 Tsd. Euro.

Die Kapitalkosten werden zwischen 7 und 15 Prozent angenommen mit einem Median von 10 Prozent. Beachten Sie, dass dieser Verzinsungsfaktor von verschiedenen finanziellen Randbedingungen abhängt und nicht nur einfach die Verzinsung auf der Bank darstellt. Die meisten Unternehmen legen diesen Faktor jährlich neu fest, wobei viele bereits die Risikobewertung in die Verzinsung einfließen lassen.

Ausgaben (in tausend €)

	minimal	maximal	Median
Hardware	500	700	600
Software	1000	1600	1300
Installation	200	300	250
Projektkosten	1700	2600	**2150**
Jährliche Wartung	200	400	**300**

Abb. 3.10 Beispielhafte Investitionsentscheidung (1/3)

Einnahmen (in tausend €)

Jahr	minimal	maximal	Median
1	0	0	0
2	500	1000	750
3	1500	2000	1750
4	2000	2500	2250
5	2000	2500	2250

Abb. 3.11 Beispielhafte Investitionsentscheidung (2/3)

Um das Risiko dieses Produkts bewerten zu können, muss zunächst einmal betrachtet werden, wann ein messbarer Nutzen auftritt. Der Nutzen soll über den heutigen Wert (Net Present Value: NPV) berechnet werden und zusätzlich noch über eine einfache Break-even-Analyse, also bis wann die Rückzahlung erfolgt ist. Im Beispiel wird eine fünfjährige Abschreibungsdauer angenommen. Auch hierfür gibt es unterschiedliche Bewertungsverfahren in der betrieblichen Praxis, die Ihre Buchhaltung oder der CFO festlegen. Abbildung 3.11 zeigt die Einnahmenseite wieder als Intervalle.

Auf dieser Basis lässt sich die Bewertung mit einer Tabellenkalkulation schnell durchführen. Zuerst wird der Cash Flow aus den jährlichen Ausgaben und Einnahmen ausgerechnet. Der Cash Flow wird dann aufsummiert und zeigt die Dauer bis zum Break-even-Punkt an. Im durchschnittlichen Fall hat man eine vierjährige Rückzahlungsdauer, während sie im optimalen Fall ein Jahr kürzer und im schlechtesten Fall ein Jahr länger sein kann. Abbildung 3.12 zeigt die Berechnung des Cash-Flows.

Der jeweilige Cash Flow wird nun auf den heutigen Zeitpunkt diskontiert, wobei die angenommenen Zinsen eingesetzt werden. Durch den Verzinsungseffekt ergibt sich im Durchschnittsfall ein heutiger Wert von 1581 Tsd. Euro, während er im optimalen Fall (also niedrige Zinsen und Ausgaben verbunden mit hohen Einnahmen) bei 2373 Tsd. Euro liegt und im ungünstigen Fall bei 373 Tsd. Euro.

Insgesamt zeigt die Analyse, dass das vorgeschlagene Projekt ein mittleres Risiko hat, denn die Rückzahlungsdauer ist spät. Wenn Sie also nicht genügend zusätzliche Reserven haben, um eine solch lange Durststrecke durchzustehen, sollte das Projekt nicht begonnen werden.

Cash Flow (in tausend €)

Durchschnittswerte

Jahr	Jahr 0	Jahr 1	Jahr 2	Jahr 3	Jahr 4	Jahr 5
Cash Flow	-2150	-300	450	1450	1950	1950
Summe CF	-2150	-2450	-2000	-550	1400	3350
PV (Jahr 0)	-2150	-273	372	1089	1332	1211
NPV	1581					
Rückzahlungsdauer	4					

bester Fall

Jahr	Jahr 0	Jahr 1	Jahr 2	Jahr 3	Jahr 4	Jahr 5
Cash Flow	-1700	-200	800	1800	2300	2300
Summe CF	-1700	-1900	-1100	700	3000	5300
PV (Jahr 0)	-1700	-174	605	1184	1315	1144
NPV	2373					
Rückzahlungsdauer	3					

schlechtester Fall

Jahr	Jahr 0	Jahr 1	Jahr 2	Jahr 3	Jahr 4	Jahr 5
Cash Flow	-2600	-400	100	1100	1600	1600
Summe CF	-2600	-3000	-2900	-1800	-200	1400
PV (Jahr 0)	-2600	-374	87	898	1221	1141
NPV *	373					
Rückzahlungsdauer	5					

Abb. 3.12 Beispielhafte Investitionsentscheidung (3/3)

Der NPV ist akzeptabel für die Laufzeit des Projekts. Man wird das Projekt dann durchführen, wenn andere und hier nicht betrachtete Risiken (beispielsweise die technische Umsetzung) nicht dominieren.

Über diese einfachen Analysen hinaus können Sie nun weitere Details betrachten, also beispielsweise, was bei Änderungen der Annahmen passiert. Manche Projekte werden dadurch zum Knüller, dass an einer Stelle etwas geändert wird und dadurch die Rückzahlungsdauer beträchtlich verringert werden kann. Wie lässt sich der spätere Wert früher realisieren? Wie lassen sich die sehr unsicheren Wartungskosten auf dem unteren Wert festmachen?

Alternativ zu dieser einfachen Bewertung der Schätzungenauigkeiten können Sie auch eine zufällige Verteilung annehmen, und jeden Bereich einzeln bewerten. Eine Monte-Carlo-Simulation erlaubt viele tausend Durchgänge, bei denen jeweils alle geschätzten Parameter innerhalb der erlaubten Verteilung zufällig in die Gesamtrechnung einberechnet werden. Nach mehreren tausend Durchgängen erhalten Sie ein weiteres Szenario. Es liegt in der Regel (symmetrische Verteilung, keine Nichtlinearitäten) nahe dem Durchschnittsfall.

3.6 Risiken im Portfolio

Risiken werden nicht nur für einzelne Projekte, sondern auch für deren Gesamtheit über alle Projekte oder Investitionsentscheidungen hinweg bewertet und abgeschwächt. In der Regel wird dies im **Portfoliomanagement** gemacht. Einmal mehr wird deutlich, dass Risikomanagement ein Werkzeug in ganz unterschiedlichen Tätigkeiten und Prozessen ist. Es kann lokal im Projektmanagement eingesetzt werden, unternehmensweit im Portfoliomanagement oder gemischt in vielfältigen operativen und strategischen Fragen, die ein Manager beantworten muss.

Die Bewertung von Portfolio-Elementen macht nur im Zusammenhang Sinn. Häufig werden Entscheidungen ad-hoc innerhalb eines Projekt-Reviews getroffen, die darüber hinaus Auswirkungen haben. Beispielsweise können sich neue Funktionen auf Termine und Ressourcen auswirken, die an anderer Stelle Ihres Portfolios eine Rolle spielen. Oder ein Projekt bildet die Basis für ein eng terminiertes Folgeprojekt, dessen Randbedingungen Sie nicht beeinflussen können. Oder es wird eine Plattform oder bestimmte Komponenten in anderen Projekten benötigt. Oder Sie haben eine Dienstleistung bereits langfristig vertraglich geregelt. All diese Beispiele zeigen auf, dass **Risikomanagement nicht nur individuell auf Projektbasis erfolgen darf**. Sie müssen unterscheiden, welche Projekte individuell bewertet und entschieden werden können, und welche Projekte nur als Gruppe mit internen Abhängigkeiten bewertet werden können. Dies sind dann die Elemente Ihres Portfolios. Oder anders formuliert: Ein Portfolio ist das, was Sie im Zusammenhang bewerten und steuern müssen.

Innerhalb dieses Portfolios werden Risiken anhand ihres Einflusses auf das Gesamtgeschäft segmentiert. Abbildung 3.13 zeigt eine solche Segmentierung, die hier elf Produkte (oder Projekte) in Ihrem Unternehmen (oder der Abteilung) umfasst.

Abb. 3.13 Segmentierung von Risiken

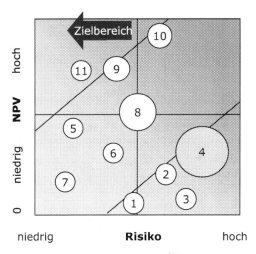

Die Größe des Kreises gibt die noch erwarteten Kosten / Investments wieder.

Je weiter rechts ein Element in diesem Portfolio steht, desto häufiger sollten der Fortschritt sowie der neue Risikostatus bewertet werden und die weitere Finanzierung neu entschieden werden. Statt des Net Present Value (NPV) kann für die Ordinate auch eine andere Nutzenfunktion genommen werden (z. B. Gewinn, Umsatz, Markteintritt). Die Bewertung der Risiken zeigt verschiedene Auffälligkeiten. Das Portfolio ist unbalanciert. Es gibt zu viele riskante Projekte mit niedrigen Chancen. Zudem haben viele Projekte eine äußerst geringe Werterwartung. Es gibt kaum Projekte mit hohem Wert und geringem Risiko. Es fehlt ein richtiges „Venture-Projekt", das im rechten oberen Quadrant angesiedelt ist. Die ganze Organisation scheint zu experimentieren, aber nicht auf die richtigen Innovationen zu setzen. Folgende Entscheidungen sind offensichtlich: Niedrige Priorität oder stoppen: 1, 2, 3, 4. Mittlere Priorität, weiterführen falls Ressourcen vorhanden: 5, 6, 7, 8. Eventuell als Venture-Projekt führen und aus dem Portfolio herauslösen: 8. Hohe Priorität, weiterführen: 9, 10. Hohe Priorität, beschleunigen: 11.

Entscheidungen beeinflussen Ihr Handeln und das Ihrer Mitarbeiter und Chefs für alle Ihre Projekte – ab dem Entscheidungszeitpunkt. Jede

Entscheidung ist an einen optimalen Zeitpunkt gekoppelt, beispielsweise sind Portfolio-Entscheidungen mit Budget-Zyklen gekoppelt. Zu schnell zu schießen ist genauso gefährlich, wie zu lange zu warten. Zwingen Sie Ihr Management nicht zu Entscheidungen unter Druck. Viele Entscheidungen können vertagt werden. Das ist besser, als unter Zeitdruck falsch zu starten.

Entscheidungen stehen ständig auf dem Prüfstand. Vom Warten allein wird Ihre Situation niemals mehr besser, höchstens einfacher für Ihren Nachfolger (im Unternehmen oder im Markt), der ihre Schwächen und Fehler rücksichtslos ausnützt, um seine eigene Position zu verbessern. Wenn ein Hindernis innerhalb Ihrer Planung auftritt, müssen Sie es bewerten und notfalls die Richtung ändern. Metriken liefern Ihnen die Informationen, um ein Problem zu beleuchten, Ursachen zu bestimmen, und das Problem zu beheben. Die Annahmen und Risiken, die einer Entscheidung zu Grunde lagen, müssen möglichst rasch neu bewertet werden.

Ein einziger Projekt-Review mit neuen Ergebnissen kann bereits zu einer revidierten Portfolio-Entscheidung führen. Lernen Sie daher aus jedem Entscheidungsprozess. Warum wurde so und nicht anders entschieden? Was kann verbessert werden?

Risiken abschwächen 4

4.1 Maßnahmen zur Abschwächung

Man kann Risiken auf vier verschiedene Arten abschwächen:

- Man kann sie vermeiden, also das Risikoereignis erst gar nicht eintreten lassen, aber natürlich auch nicht die Chancen wahrnehmen, die aus dem Eingehen des Risikos erst entstehen werden.
- Man kann sie begrenzen, also wie bei einer Versicherung mit Selbstbeteiligung nur eine gewisse Summe als maximale Kosten im Eintrittsfall einkalkulieren.
- Man kann sie behandeln, also durch zusätzlichen Aufwand und kreative Lösungen die Eintrittswahrscheinlichkeit oder die Auswirkungen reduzieren.
- Man kann die Risiken ignorieren, also ungeachtet aller Hinweise und Warnungen in den Wind zu schlagen.

Alle vier Techniken, die im Folgenden detaillierter betrachtet werden, setzen an der Grundformel der Risikoberechnung an, nämlich **Risiko = Auswirkungen × Eintrittswahrscheinlichkeit**

Risikovermeidung heißt, dass die Eintrittswahrscheinlichkeit reduziert wird. **Risikobegrenzung** bedeutet, dass die Auswirkungen begrenzt werden. **Risikobehandlung** setzt an beiden Faktoren an und optimiert die Summe aller Risiken mit begrenztem Aufwand. **Ignoranz** setzt die Wahrnehmung des Risikos ungeachtet der wirklichen Eintrittswahr-

C. Ebert, *Risikomanagement kompakt*, IT kompakt,
DOI 10.1007/978-3-642-41048-2_4, © Springer-Verlag Berlin Heidelberg 2013

scheinlichkeit und der Auswirkungen auf null, um sich nicht damit zu belasten.

Die vier Techniken haben ihren Platz in der Praxis. Man muss alle vier kennen und beherrschen können, um sie optimal einzusetzen. Die Risikobehandlung dominiert in der Literatur das Risikomanagement und hat auch in diesem Buch durch allerlei praktische Tipps und Beispiele eine herausragende Position. Auch werden in der unternehmerischen Praxis im Regelfall Risiken ignoriert. Solange dies bewusst und unter Abwägung der Eintrittswahrscheinlichkeit und Auswirkungen geschieht, ist dies eine gute Praxis, um sich auf das Wichtige zu konzentrieren.

> Achten Sie als verantwortliche Führungskraft darauf, dass die jeweiligen Projektziele mit allen wesentlichen Interessengruppen gleichzeitig abgestimmt werden und danach sauber dokumentiert sind. Legen Sie mit dem Projektantrag auch die messbaren Projektziele fest, an denen Sie gemessen werden. Unterscheiden Sie verschieden Dimensionen, beispielsweise Budget, Termine und Inhalte. Alles ist schwer zu erreichen, und eine Aufteilung schafft mehr Flexibilität. Schaffen Sie klare Organisationsstrukturen und bewerten Sie das Projekt periodisch mit an den Zielen orientierten Kriterien. Fehler passieren, aber sie sollten Ihnen nur einmal passieren. „Fail early" heißt, dass man die Fehler frühzeitig macht, wenn der Hebel noch gering ist, und mal leicht korrigieren kann. Den Projektabschluss sollten Sie immer in einem unterzeichneten Abschluss-Dokument als Abnahme des Auftraggebers sichern.

Risikoabschwächung braucht die passende Unternehmenskultur. Fehlende Governance-Vorgaben, unvorbereitete Führungskräfte und unzureichend dokumentierte Prozesse oder kein ausreichender Nachweis, dass die Vorgaben in allen Situationen befolgt werden, führen im Schadensfall zu **Organversagen** – mit allen Konsequenzen. Trainieren Sie die Mitarbeiter und Führungskräfte regelmäßig. Lassen Sie die Prozesse prüfen und deren dokumentierte Einhaltung auditieren. Wenn die Ignoranz jedoch zu einer Kultur führt, die mit Risiken gar nicht mehr umgehen kann, wie dies bei den beiden Unfällen des *Space Shuttle* der Fall war, wird es dramatisch. In derartigen Kulturen verhalten sich Manager und ganze Unternehmensbereiche psychopathisch und wollen nicht wahrhaben, was nicht sein darf. Arroganz, Größenwahn und daraus folgend Schäden und Unglücksfälle sind die offensichtliche Folge.

4.2 Risiken vermeiden

Risiken werden vermieden, wenn man das Projekt oder jenen Teil des Projekts, der das Risiko beinhaltet, nicht durchführt. Aber wenn Ihr Projekt keine Risiken hat, dann lohnt es sich auch nicht. Mehr Risiko bedeutet mehr möglicher Gewinn, gerade bei Softwareprojekten. **Beherrschte Risiken bieten Chancen, und das ist auch Teil Ihrer Risikostrategie.**

Ein kleines **Beispiel** schildert den Ansatz. Es besteht das Risiko, dass die optimale Hardware-Plattform mit der richtigen Geschwindigkeit und Zuverlässigkeit nicht pünktlich zur Verfügung steht. Man vermeidet das Risiko, indem man das System auf einer bereits existierenden, aber nicht so leistungsfähigen Plattform, entwickelt. Man schließt damit die optimale Lösung aus und vermeidet, dass das Risiko der fehlenden Plattform eintritt. Die Eintrittswahrscheinlichkeit ist auf null reduziert worden, denn die neue Plattform wird gar nicht eingesetzt. Allerdings ist das System mit der weniger performanten Plattform vielleicht nun auch nicht mehr so attraktiv und wird weniger Marktanteile bringen.

Grundsätzlich können alle Risiken vermieden werden. Diese Strategie wird für jenen Teil der Risiken angewandt, der keinen großen Zusatznutzen bringt, aber dennoch in seinen möglichen Auswirkungen groß genug ist, um gezielt abgeschwächt werden zu müssen.

Der Nachteil der Risikovermeidung ist, dass vermiedene Risiken auch vermiedene Chancen – und damit Einnahmen – bedeuten. Vergleichen Sie daher Chancen und Risiken sehr sorgfältig miteinander.

4.3 Risiken begrenzen

Risiken werden begrenzt, wenn man Zeit und Aufwand einplant, um sie im Eintrittsfall effektiv behandeln zu können. Sie können auch durch die ganze oder teilweise Übertragung begrenzt werden. In allen Fällen der

Begrenzung greift die bereits genannte Versicherungsanalogie, die es Ihnen erlaubt ein (unkalkulierbares oder sehr hohes) Risiko zu tragen, weil der Schadensfall in seinen Auswirkungen begrenzt wird.

Beispiel Verzögerungen: Das Risiko wird begrenzt, indem man von vorneherein zusätzliche Puffer einbaut, um die Verzögerungen nicht auf den Liefertermin durchschlagen zu lassen. Puffer sollten allerdings sorgfältig geplant werden, denn sie werden häufig unreflektiert aufgebraucht. Puffer sollten maximal 10–30 % der jeweiligen Dauer der Aktivität ausmachen. Alternativ kauft man bei einem zweiten Lieferanten kurzfristig und zu erhöhten Preisen ein. Beide Lösungen bringen erhöhte Kosten mit sich, im einen Fall für die Durchlaufzeit, und im zweiten Fall auf die Produktkosten. Aber sie begrenzen das Risiko eines Terminverzugs.

In der Praxis sollten Sie nicht alle Risiken einzeln begrenzen, denn das wird teuer und erzeugt viele unnötige Puffer und Zusatzkosten. Stattdessen sollten Sie für alle in ihren Auswirkungen ähnlichen Risiken einen Gesamtpuffer einplanen, der sich an der Wahrscheinlichkeit und der Summe der Verzögerungen oder Bedürfnisse orientiert. Wenn Sie beispielsweise an mehreren Stellen des Projektplans Verzögerungen erwarten müssen, dann sollten nicht individuelle Puffer eingeplant werden, die zu Verschwendung führen, da Entwickler in der Regel die verfügbare Zeit ausnützen, um das Produkt zu perfektionieren, sondern der Projektplan sollte auf dem kritischen Pfad so optimiert werden, dass Verzögerungen durch priorisierte Inkremente o. ä. abgefangen werden können.

Versicherungen können eine Risikobegrenzung darstellen. Man transferiert das Risiko – teilweise – auf eine andere Partei. Versicherungen werden in der Praxis vor allem für Haftungsfragen vorgesehen, nicht für verpasste Liefertermine. So wird man in der Regel die **Produkthaftung** im Schadensfall durch eine Versicherung deckeln. Wirtschaftliche Absicherung gegen den Ernstfall versprechen einige Industrieversicherer. Die Policen gelten meist für Spezialfälle wie Produktrückrufe, Entführungen oder Managementfehlverhalten. Allerdings können nicht alle Risiken gleichermaßen auf Versicherungen übertragen werden. Einige Risiken brauchen spezielle Absicherungen und werden nicht von den branchen-typischen wirtschaftlichen Ausfallversicherungen getragen, wie beispielsweise Vertragsbruch (z. B. falls Mitarbeiter vertrauliche Details kommunizieren), Denial of Service Attacken, fehlerhafter Code (z. B. mit Sicherheitsproblemen, die durch Trojaner oder Viren unbewusst verursacht werden), Webseiten mit inakzeptablem Inhalt (z. B. politisch unkorrekt, falsche Angaben, falsche Verhaltensmaßregeln). Wenn Sie international tätig sind, sollten Sie Ihre Versicherungsverträge von unabhängigen Fachleuten regelmäßig prüfen lassen, denn lokale Gesetze ändern sich häufig.

4.4 Beispiel: Lieferantenmanagement

Risiken können auch **auf Lieferanten übertragen werden** und dadurch begrenzt werden. Ein bekanntes Beispiel sind Open Source Lieferanten, die existierende freie Software mit Dienstleistungen so paketieren, dass deren Einsatz plan- und kalkulierbar wird. Für diese Risikoübertragung und damit Begrenzung Ihres eigenen Risikos bezahlen Sie den Lieferanten, der seinerseits versichert, dass die gelieferte Software die richtige Qualität hat und regelmäßig und pünktlich (Service Level Agreement: SLA) gewartet wird.

Verschiedene **Vertragsmodelle** weisen die auftretenden Risiken unterschiedlichen Parteien zu. Mit wachsendem Risiko für einen Vertragspartner wächst die Flexibilität für den anderen. Abbildung 4.1 zeigt verschiedene Vertragsmodelle und ihren Einfluss auf das Kunden- und das Lieferantenrisiko. Eine Partnerschaft befindet sich naturgemäß in der Mitte, denn sie baut auf ein Win-Win-Verhältnis auf.

Als Auftragsnehmer (auch für Unteraufträge) sollte man als Basis immer annehmen, dass alle Risiken, die nicht explizit beim Auftraggeber liegen, beim Auftragnehmer liegen. Untersuchen Sie verschiedene Vertragsformen und die jeweiligen Preise abhängig von Szenarien, die Sie aufgrund der Projektanforderungen machen können. Beispielsweise könnte das eine Szenario die komplette Entwicklung auslagern, während ein zweites nur bestimmte Arbeitspakete auslagert (z. B. dass Entwickler des Lieferanten von auswärts kodieren und testen). Prüfen Sie ein Szenario mit längerer Laufzeit, also die Arbeit an mehreren Versionen oder die Übernahme des Wartungsvertrags.

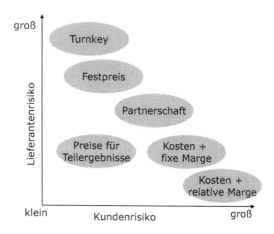

Abb. 4.1 Vertragstypen beeinflussen das Risiko auf beiden Seiten

Die Vertragsgestaltung hängt von Ihrer Arbeitsweise und den zu erwartenden Risiken ab. Eine häufige Vertragsform im IT- und Softwaregeschäft ist der **Festpreisvertrag**. Dabei liefert der Lieferant genau definierte Inhalte (Anforderungen, SLA, etc.) zu einem bestimmten Termin. Das Risiko liegt beim Lieferanten. Bei größerem Volumen oder längerer Laufzeit werden Meilensteine mit definierten Ergebnissen genommen. Der Festpreisvertrag braucht exakt spezifizierte Anforderungen (worauf aber schon der Lieferant im eigenen Interesse besteht).

Für eine längere oder nicht exakt definierbare Zusammenarbeit werden generelle Vereinbarungen als Rahmenvertrag getroffen und die Kosten sowie Gewinnmargen für konkrete Einzelergebnisse, Inkremente oder Zeitabschnitte pro Teillieferung vereinbart (z. B. Werkvertrag, Beratervertrag). Ihr Risiko als Kunde ist dabei, dass die Kosten höher als geplant ausfallen können, da für den Lieferanten ein höheres Risiko besteht, dass er nur schwer kalkulierbare, fragmentierte Arbeiten übertragen bekommt. Oftmals beinhalten Rahmenverträge daher Klauseln, welche die Kosten pro Arbeitseinheit volumenabhängig beschreiben.

Verschiedene Vertragsmodelle weisen die auftretenden Risiken unterschiedlichen Parteien zu. Mit wachsendem Risiko für einen Vertragspartner wächst die Flexibilität für den anderen. In allen Fällen müssen Sie davon ausgehen, dass Änderungen zu Anforderungen extra kosten! Dies ist häufig Ihr Hauptrisiko im Projekt- und Outsourcing-Geschäft, da der Lieferant nur darauf wartet, dass sich etwas ändert, um dann alle Probleme darauf abzuladen.

Soweit ein Vertrag Strafen, spezielle Anreize, oder konkrete Steuerungsinstrumente enthält, sollte man diese exakt untersuchen. Sie weisen meistens auf – noch verborgene – Risiken hin. **Jeder Vertragspartner sollte zum eigenen Schutz Risiken abschwächen.** Grundsätzlich sollte man nicht annehmen, dass ein Vertrag alle Risiken ausschließt. Vor Gericht kann es leicht passieren, dass er später als unlauter betrachtet wird, weil Risiken einseitig und ohne ausreichende Kompensation übertragen wurden.

Auftraggeber und Lieferanten versuchen mit einem Vertrag die Risiken auf jeweils ihrer eigenen Seite abzuschwächen. Wer den Vertrag schreibt, versucht kritische Risiken zur anderen Seite zu verschieben. Die andere Seite versucht das natürlich auch, was Projekte und Verträge zuerst einmal unnötig verteuert. Zudem gefährdet dieses „Schwarzer-Peter-Spiel" Ihre Projekte als Auftraggeber, denn ein kleiner Lieferant (die großen Lieferanten sind nur an Win-Win-Ergebnissen interessiert), der viele Risiken zu tragen hat, kann unter deren Last umkippen und den Kunden mit allen Problemen zu einem ungünstigen Zeitpunkt alleine lassen.

Prüfen Sie genau, welche Vertragsform (z. B. Kaufvertrag mit festem Inhalt und Preis, Dienstleistungsvertrag mit unbekanntem Aufwand, Werkvertrag mit festem Preis) Ihren beiderseitigen Bedürfnissen und Ansprüchen am ehesten genügt. Wie viel Service, Pflege und Wartung wird der Kunde realistischerweise benötigen? Werden Sie als Käufer durch den Vertrag von einem bestimmten Lieferanten abhängig? Ist ein dedizierter Wartungsvertrag besser oder genügt eine Reparatur auf Einzelfehlerbasis? Welche Regressansprüche wollen oder müssen Sie vertraglich festschreiben?

> Zwingen Sie Ihrem Vertragspartner nie einen unrealistischen Plan
> oder einen nachteiligen Vertrag auf. Am Ende spüren Sie es immer
> auch selbst, wenn Sie ihn übervorteilen wollten.

4.5 Risiken behandeln

Risiken werden behandelt, wenn man rechtzeitig die nötigen Maßnahmen trifft, um die Effekte oder Ursachen des Eintretens abzuschwächen. Im Unterschied zur Begrenzung von Risiken wird bei der Risikobehandlung mit konkreten Aufgaben gearbeitet, die sehr viel weniger Aufwand brauchen, als der spätere Effekt. Die Maßnahmen müssen wegen der inhärenten Unsicherheit sowohl bei der Risikobewertung als auch bei der Risikobehandlung immer überlappend eingesetzt werden, da sonst schnell Lücken entstehen und wir uns in falscher Sicherheit wiegen. Beispielsweise genügt es nicht, Fehler nur durch Validierung zu entdecken. Validierung ist zwar wichtig, aber häufig wenig wirksam und teuer. Viele Unternehmen verschwenden über 50 % ihres Entwicklungsbudgets für Test und Validierung, statt auch präventive und frühere Maßnahmen wie Anforderungs-Reviews oder statische Analyse einzusetzen. Abbildung 4.2 zeigt, wie verschiedene Maßnahmen zur Risikobehandlung ineinander greifen. Links sind Maßnahmen gezeigt, die zufällige unvermeidbare Fehler behandeln, beispielsweise ein Hardware-Ausfall. Die rechte Seite zeigt Maßnahmen, die der Fehlervermeidung dienen.

Am **Beispiel der Ressourcenplanung** zeigen wir diesen Zusammenhang. Es wird das Risiko betrachtet, dass kritische Fähigkeiten oder Mitarbeiter nicht in ausreichender Zahl zur Verfügung stehen oder das Projekt verlassen. Eine typische Risikobehandlung besteht darin, zusätzliche Reviews bei kritischen Arbeitsergebnissen durchzuführen. Solche zusätzlichen Reviews haben den Nutzen, dass Fehler gefunden werden, die sonst erst viel später entdeckt werden würden. Zudem tragen sie dazu bei, für jede kritische Aufgabe Mitarbeiter als Ersatz zur Verfügung zu haben, die durch den Review bereits eine gewisse Expertise aufbauen konnten. Verschiedene agile Projektmanagementtechniken bauen solche Reviews aus genau diesen zwei Gründen in das Vorgehensmodell ein.

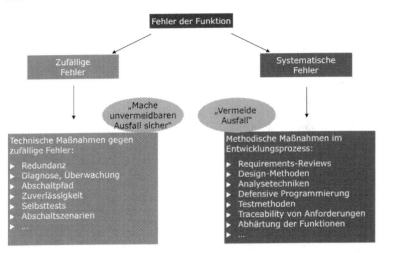

Abb. 4.2 Maßnahmen zur Risikobehandlung

Pair Programming wird beispielsweise eingesetzt, um Fehler zu reduzieren, und um einen zweiten Mitarbeiter als Ersatz zu haben, falls der Erste ausfällt.

Halten Sie Ihre Prozesse Methoden und Werkzeuge auf dem **Stand der Technik**, wie er in Standards dokumentiert ist (siehe Abschn. 6.5). Vergegenwärtigen Sie sich, dass ein Abweichen vom Stand der Technik im Falle von Produkthaftung und Schadensfällen gegen Sie ausgelegt wird. Ganze Armeen von Rechtsanwälten sind inzwischen darauf geeicht, Fehlverhalten an solchen leicht vermeidbaren Abweichungen fest zu machen.

Das **Beispiel** eines namhaften Automobilherstellers in 2010 zeigt die Notwendigkeit zur Nachvollziehbarkeit des Risikomanagements. Dem Konzern wurde vorgeworfen, die Bremsen würden fallweise nicht funktionieren, teilweise mit tödlichen Unfällen. Nach bereits drastischen Einbrüchen bei Umsatz und Aktienkurs konnten Experten der NASA nachweisen, dass die Softwareentwicklung auf dem Stand der Technik war. Anhand von Datenloggern, die der Hersteller proaktiv in die Fahrzeuge eingebaut hatte, konnte man zudem zeigen, dass die Fahrer in den untersuchten Fällen nicht richtig gebremst hatten. Ohne eine klare Prozessdokumentation, sowohl für Soll als auch für Ist, hätte es für das Unternehmen noch viel dramatischer enden können. Gut auch für die Branche und damit die Autofahrer, denn in den folgenden Jahren wurden diese Maßnahmen dann schnell zu Industriestandards.

Man setzt grundsätzlich immer den Nutzen der zu treffenden Entscheidung ins Verhältnis zum Aufwand für die Risikobehandlung und den Kosten, falls das Risiko eintritt. Obiges Beispiel zeigt, dass bestimmte Risikobehandlungen die Kosten des Projekts in die Höhe treiben können. Man muss betriebswirtschaftlich abwägen, welcher Verlust größer ist. Pauschal sollten Sie also keinesfalls alle relevanten Risiken behandeln.

Zur Risikobehandlung zählen auch der **Notfallplan** und das **Krisenmanagement** (siehe Abschn. 4.8). Jede Situation, die geeignet ist, das Vertrauen in Ihre Organisation (Projekt, Abteilung, Bereich) oder Unternehmen zu erschüttern oder aber den Unternehmenswert zu reduzieren, ist eine Krise. Ist sie erst einmal eingetreten, muss sofort ein genau abgestimmtes Reaktionsmuster ablaufen. Der Notfallplan beschreibt die Aufgaben und Verantwortungen, die beim Eintreten eines Risikos erfolgen. Er legt Entscheidungswege und Abläufe fest. Er wird für die kritischen Risiken bereits als Teil der Risikokontrolle festgelegt. Er beinhaltet nicht nur die Aufgaben zur Eindämmung und Minimierung der Schäden, sondern beschreibt auch, wer wann mit wem kommuniziert. Es gibt im Projekt und im Unternehmen nichts Gefährlicheres als sich widersprechende Aussagen oder Unsicherheiten gegenüber Kunden.

Die Behandlung von Risiken ist der Weg, den wir im Buch am ausführlichsten betrachten.

4.6   Risiken ignorieren

Man ignoriert Risiken, wenn man sie weder vermeidet, begrenzt, noch behandelt. Dies betrifft einen Großteil der Risiken mit kleineren bis mittleren Auswirkungen, da man den wirklich wichtigen Risiken sonst gar nicht Herr werden kann.

Auch hier hilft nochmals ein kleines **Beispiel** zur Illustration. Das Risiko sei dieses Mal, dass die Benutzerschnittstelle nicht die Kundeninteressen trifft. Das kann Verschiedenes bedeuten, wie beispielsweise fehlende oder unzureichende Szenarien für den Betrieb oder die Administration des Systems, oder aber eine grafisch nicht ansprechende oder komplizierte Eingabeschnittstelle. Man weicht dem Risiko aus, indem man hofft, dass die Abnahme trotzdem klappt, aber keine Extra-Maßnahmen trifft.

Es gibt einige Risiken, die man ignorieren muss, weil sie nicht zu beeinflussen sind, wie beispielsweise Naturkatastrophen. Auch auf Projektebene gibt es solche Risiken, deren Risikoauslöser so weit außerhalb des Projekts liegen, dass man nicht direkt darauf einwirken kann (z. B. Unternehmensfusion). Allerdings sollte man die Konsequenzen im eigenen Umfeld wiederum als dedizierte Risiken identifizieren und bewerten. Die Naturkatastrophe könnte einen Ihrer Lieferanten treffen, und damit haben Sie den regulären Lieferantenausfall.

Im Unterschied zu den drei anderen Maßnahmen, braucht man keinen zusätzlichen Aufwand, um Risiken zu ignorieren. Man macht nichts und hofft darauf, dass schon nichts passiert. Häufig werden Risiken auch nur deshalb ignoriert, da sich niemand die Mühe macht, Szenarien von Auswirkungen zu skizzieren.

Falls man erfolgreich ist, hat das nichts damit zu tun, dass man schließlich doch Recht hatte. Zufälligerweise hat man Glück gehabt, und niemand kann einem einen Fehler nachweisen.

Der Schadensfall kann jedoch weitaus schlimmere Konsequenzen haben, als wenn man vorab die Risiken gemanagt hätte. Dann drohen im Schlimmstfall juristische Konsequenzen, beispielsweise aus dem Vertragsrecht oder die Produkthaftung. Die Anwälte der Gegenseite werden versuchen, Ihnen nachzuweisen, dass Sie den Stand der Technik – und dazu gehört ein angemessenes Risikomanagement – nicht geschult und systematisch umgesetzt hatten.

4.7   Die Top-10 Risiken wirksam abschwächen

Es sind immer wieder die gleichen Risiken, die bei Software-Projekten zu Problemen werden. Die folgende Liste der zehn Standardrisiken hatten Sie bereits in Abschn. 2.4 kennen gelernt. Nun wollen wir sie aufgreifen, um Möglichkeiten zur Behandlung zu diskutieren. Die vorgeschla-

genen Abschwächungsmaßnahmen haben sich in der Praxis bewährt und
können direkt umgesetzt werden.

1. **Unzureichende Organisation**

   Abschwächung: Klare verbindliche Governance-Kriterien und Vorgaben für Prozesse; durchgängige Geschäftsprozesse; balancierte
   Kennzahlen für Unternehmen und Linienorganisation umsetzen;
   balancierte Zielvorgaben für Führungskräfte; unmittelbare Rück-
   kopplung bei Fehlverhalten; Null-Toleranz beim bewussten Verschweigen von Risiken; klare Verantwortungen beschreiben und
   umsetzen; Risikomanagement im Vorstand verankern und vorleben;
   Risikomanagement als explizites Element in jedem Projektreview;
   regelmäßige Trainings der Führungskräfte zu den Management-
   Prinzipien; regelmäßige Trainings der Mitarbeiter zu Prozessen,
   Aufgaben und Werkzeugen; Regelungen für das Krisenmanagement; Regelungen für Kommunikation von Problemen nach außen;
   regelmäßige unabhängige Audits des Risikomanagements und der
   Prozesse; Regelmäßige Assessments der Prozessfähigkeit im Unternehmen; Lernen aus Fehlern; Erfahrungen und „Lessons Learned"
   aus Projekten in die Prozesse einarbeiten; Checklisten und Prozesse
   kontinuierlich verbessern.

2. **Falsche und fehlende Anforderungen**

   Abschwächung: Analyse und gutes Verständnis der Projektziele; Kundenbedarf und Kundennutzen verstehen; systematisches
   Requirements Engineering; Anforderungen dokumentieren; enge
   Zusammenarbeit zwischen Marketing, Produktmanagement und
   Projektleitung; verbindliche Projektbeauftragung mit konkreten
   Inhalten; unabhängige Reviews und Inspektionen der Anforderungen aus Sicht verschiedener Gruppen; Benutzer-Interviews
   mit verschiedenen Perspektiven, um alle Schlüsselgruppen zu
   berücksichtigen; Benutzer in die Entwicklung mit einbeziehen
   (oftmals leicht gesagt und unmöglich in der Umsetzung); Refe-
   renzinstallationen; Use Cases und Misuse Cases; Beschreibung
   von Rollen (so genannte „Persona") und Anwenderaufgaben;
   Benutzer-Interviews; Benutzer-Mitarbeit; Usability Tests; Benutzer-
   Laboratorium; Prototyping und evolutionäre Entwicklung vor allem
   bei Benutzungsschnittstellen; frühe Dokumentation, die mit den

Benutzern prototypische durchgegangen werden kann; Training der Produktmanager, um deren Verantwortung im Kontext des Unternehmens oder der Produktlinie konsistent umzusetzen; Quality Function Deployment, um Ziele zu priorisieren und im Entwicklungsprozess zu verfolgen.

3. **Sich ändernde Anforderungen**
   Abschwächung: Systematisches Requirements Engineering; Anforderungen dokumentieren; Änderungen während des Projekts mit der gleichen Intensität wie neue Anforderungen vor Projektstart behandeln; Schwellen für Änderungsgenehmigungen; Gründe für die Änderungen verstehen bevor sie akzeptiert werden; Bewertung der Einflüsse von Änderungen; Alternativszenarien zur Behandlung der Änderungen vergleichen; Projektvision vorab mit allen Schlüsselpersonen verbindlich vereinbaren; Nachverfolgbarkeit der Anforderungen zu Dokumentation, Code, Test und Planung kontinuierlich und durchgängig gewährleisten (Traceability Matrix); Change Review Board einführen; klare Aufgabenteilung zwischen Vertrieb/Marketing, Produktmanagement und technischer Realisierung; inkrementelle Entwicklung; Modularisierung („Design for Change"); Methodik des Requirements Engineering zu einem verbindlichen Änderungsmanagement; Projektmanager so trainieren, dass er sich gegenüber Vertrieb/Marketing (bei Produktentwicklung) und Fachbereichen/interner Beauftragung (IT-Projekte) richtig verhalten; Regressionstestfälle vor Freigabe von Änderungen durchführen.

4. **Unrealistische Planung**
   Abschwächung: Detaillierte Schätzung von Aufwand und Kosten; verschiedene Perspektiven in der Schätzung berücksichtigen (z. B. Delphi); Schätzung Top-Down und Bottom-Up; Schätzungen und Planung plausibilisieren; Schätzwerkzeuge einsetzen (z. B. QSM etc.); Kosten-Nutzen-Analyse (Business Case); klare Trennung zwischen Zielen, Schätzung und Planung – die dann bestmöglich zusammengeführt werden; Planung mit den relevanten Interessengruppen abstimmen; nötige und verfügbare Kompetenzen in der Personalplanung berücksichtigen (d. h. nicht nur „Excel-Listen"); Portfoliomanagement zur Abstimmung von Roadmaps und Projekten; Zusatzaufwände und Puffer zur Risikoabschwächung ein-

planen; Puffer rigoros kontrollieren, damit sie nicht verschwendet werden; systematische Projektkontrolle mit definierten Vorlagen und Kennzahlen; Regelmäßige Verfolgung der Projektrisiken; Earned-Value Methode zur wertbasierten Fortschrittskontrolle; Design to Cost; inkrementelle Entwicklung; Wiederverwendung; Time-Boxing mit priorisierten Anforderungen, um notfalls Anforderungen mit niedrigerer Bedeutung rechtzeitig ausgrenzen zu können und sich auf die wesentlichen Inhalte zu konzentrieren; Aufwände systematisch erfassen und damit die Schätzung verbessern.

5. **Personelle Schwächen**

Abschwächung: Exakte Planung mit konkreten Ressourcen und den nötigen Kompetenzen; beste Mitarbeiter einsetzen; Team Building, um Mitarbeiter auf gemeinsame Ziele und gegenseitige Unterstützung zu fokussieren; verbesserte Kommunikation; regelmäßige Mitarbeitergespräche; Fortbildungsmaßnahmen adäquat einplanen und umsetzen; Lernerfolge kontrollieren; unmittelbares Feedback bei Fehlern; Null-Toleranz bei Mobbing; offene Kommunikation fördern und nicht auf Flurfunk eingehen; Abstimmungen mit parallelen Projekten, damit Schlüsselpersonen nicht ständig in mehreren Projekten arbeiten; Training von Ersatzpersonen; Pair Programming; Portfoliomanagement zur Abstimmung von Roadmaps und Mitarbeiterplanung; Management-Audits durch unabhängige Experten zur Schwachstellenanalyse; Management-Training; Planspiele und Projektsimulationen; Teambildungsmaßnahmen; Rotation von Führungskräften, um Silos aufzubrechen; klare Vorgaben und regelmäßige Kontrolle der Zielerreichung.

6. **Over-Engineering**

Abschwächung: Nutzen und Wert für Kunden verstehen; minimale Lösungen spezifizieren; Anforderungen explizit spezifizieren und dokumentieren, um Abweichungen schnell erkennen zu können; unabhängige Architektur-Reviews; alternative Lösungsszenarios bewerten und vergleichen; regelmäßige Reviews von Design und Architektur; Anforderungen kontrollieren; Business Case und Kosten-Nutzenrechnung auf der Basis einzelner Anforderungen, um deren Grenznutzen ständig präsent zu haben; Verfolgbarkeit von Anforderungen; alle Änderungsvorschläge auf Anforderungen abbilden; Prototypen; Kosten-Nutzen-Analyse; Design to Cost; Wertanalyse und Projektkontrolle mittels Earned Value; Kosten pro Anforderung oder Feature verfolgen, um rechtzeitig gegensteuern zu können, falls bestimmte Funktionen zu teuer werden.

7. **Lieferantenprobleme**
Abschwächung: Benchmarking der Lieferanten; Win-Win-Vereinbarungen mit den Lieferanten; Lieferanten-Audits anhand deren Prozessfähigkeit; Inspektionen; regelmäßige Reviews zu Projektfortschritt und erreichter Qualität; Kompatibilitätsanalyse der gelieferten Komponenten mit den eigenen Schnittstellen; Vertragsgestaltung dahingehend, dass nur eine erfolgreiche Integration zur vollständigen Bezahlung führt; Service Level Agreements, die frühzeitig überwachbar sind; verbindliche Eskalationsmechanismen; Schnittstellenkontrolle; Audits vor jedem Meilenstein; Endnutzen-orientierte Vorgaben und Verträge; mehrere Lieferanten im gegenseitigen Wettbewerb einsetzen (Dual-Sourcing); projektspezifisches Wissen der Lieferanten gezielt dokumentieren; kritisches Know-how im eigenen Unternehmen replizieren; gemeinsame Teams zwischen Lieferanten und eigenen Mitarbeitern; Teambildungsmaßnahmen mit dem Lieferanten.

8. **Fehler und Qualitätsmängel**
Abschwächung: Qualitätsstrategie zum Projektstart vereinbaren; Qualitätsmaßnahmen hinsichtlich Termine, Kompetenzen und Aufwand im Projektplan einplanen; testbare Anforderungen spezifizieren; Qualitätsanforderungen explizit und testbar spezifizieren; Anforderungs-Reviews; abgestimmte Maßnahmen für Prüfung und Validierung der Software; Codierungs-Richtlinien; Checklisten für Reviews; angepasste Abdeckungskriterien für Testfälle – sowohl White Box als auch Black Box; Test-Driven Development (d. h. Testfälle frühzeitig festlegen); Testende-Kriterien definieren; Regressionstests systematisch durchführen; Testfälle dokumentieren (sie können im Schadensfall relevant werden); moderne Werkzeuge für statische Analyse und Test einsetzen; Effizienz und Wirksamkeit der Verifikation und Validierung systematisch messen – und verbessern; Training der Mitarbeiter zu Entwicklungsmethodik, Verifikation und Validierung; Training zu Werkzeugen; Wirksamkeit und Kosten der Werkzeuge regelmäßig bewerten und optimieren; alle Fehler mit Quelle und Status in einer Fehlerdatenbank berich-

ten; regelmäßige Ursachenanalyse für kritische Fehler; periodische Assessments der eigenen Prozessfähigkeit mit CMMI oder SPICE.

9. **Architekturdefizite**

Abschwächung: Entwickler für Architektur und Methodik trainieren; expliziten Systemarchitekten benennen; Qualitätsanforderungen explizit spezifizieren, modellieren und bewerten. Simulation; Ablauf- und Verhaltensmodelle; durchgängige Modellierung; Checkliste und Richtlinien für gute Architektur; Codierungs-Richtlinien; unabhängige Architektur-Reviews; Benchmarking; Prototypen; Instrumentierung in Verifikation und Test; Performance-Tuning; frühzeitig nutzbare Testumgebungen für kritische Ressourcen; verschiedene Lösungsalternativen oder -modelle performanzorientiert vergleichen; Skalierbarkeit mit besseren Plattformen vorsehen; modulare Architektur zum raschen Austausch von Komponenten; Qualitätsanforderungen testen; regelmäßiges Refactoring.

10. **Technologiekomplexität**

Abschwächung: intensive technische Analyse von Anforderungen gegenüber den eigenen Fähigkeiten; eine Technologie-Roadmap vereinbaren und mit der Produktstrategie synchronisieren; verschiedene in Frage kommende Technologien werden durch externe Fachleute evaluiert und verglichen, um Voreingenommenheit zu reduzieren; rechtzeitig Mitarbeiter mit Fähigkeiten in neuen Technologien einstellen; Management regelmäßig für neue Technologien extern weiterbilden; regelmäßige „Lunch-Tutorials" während der Mittagspause, wo alle Mitarbeiter mit einer neuen Technologie konfrontiert werden; Experten einladen, die eine neue Technologie und ihr wirtschaftlich nutzbares Umfeld vorstellen; Projekt vereinbart Trainingspläne vor dem Projektstart; Produkt- und Projekt-Assessment (durch außenstehende Experten), Kosten-Nutzen-Analyse verschiedener möglicher Lösungsszenarien; Prototyping; Schulungen; Coaching; Consulting und externe Unterstützung rechtzeitig einplanen.

4.8 Krisenmanagement

Projekte schlittern in der Regel stetig in eine Krise. Sie kommt in der Praxis nur selten ganz unerwartet, wie man das aus zahlreichen Horror-Szenarien kennt. Epidemien, Erdbeben, Insolvenz und andere Ursachen führen zwar auch unmittelbar zur Krise, doch das wollen wir hier nicht betrachten, da dies dann für das gesamte Unternehmen gilt, und dafür auf Unternehmensebene bereits Vorkehrungen getroffen wurden. Betrachten wir zuerst die ganz normalen Projektkrisen. Fred Brooks sagte einmal sinngemäß, dass ein Projekt nicht plötzlich verspätet ist, sondern sich stetig in kleinen Schritten verspätet. Das gilt auch für andere Projektkatastrophen. In der Regel ist es so schlecht gesteuert, dass die Verspätung oder auch Budgetüberschreitung zu spät bemerkt werden.

Die größten Probleme im Projekt sind die Probleme, die vom Projektleiter nicht erkannt werden. Daher betrachten wir zunächst einmal die typischen Anzeichen der Krise. Beispiele sind: Nichterreichung von Vorgaben und Planzielen, Lücke zwischen Problemen und Lösungen wächst, extreme Terminverzögerungen, Budget-Probleme, ungeklärter Leistungsabfall des Teams oder eines Mitarbeiters und zunehmende Beschwerden der Kunden. Auch im Team ist es leicht zu erkennen: Aggressivität, Desinteresse, Gerüchte, Intrigen, Mobbing, Zynismus und Galgenhumor in Reviews sind typische Indikatoren. Wir als Interim- und Krisenmanager bemerken diese Indikatoren bereits nach kurzer Zeit beim Kunden. Dort will man es zwar nicht wahrhaben, aber die Zeichen für die drohende Krise stehen oftmals in großen Buchstaben an der Wand – beispielsweise viele Dilbert Cartoons.

Projektkrisen sind vorhersehbar. Sie folgen bestimmten Mustern. Bereiten Sie sich daher rechtzeitig auf Krisen vor. Krisenmanagement ist Teil des Risikomanagements. Wenn Sie die Krise fühlen oder wenn sie bereits greifbar ist, heißt es Ruhe zu bewahren und vernünftig und nachvollziehbar zu reagieren. Jetzt schauen plötzlich viele Augen auf Sie, und viele Führungskräfte versuchen sich einzumischen. Zunächst bauen Sie ein effektives Krisenmanagement auf, damit klar ist, dass sie die Fäden in der Hand behalten. Aktivieren Sie Ihre internen und externen Netzwerke, um rasch einen vernünftigen Rat zu bekommen. Dazu gehören eigene

Führungskräfte, die schnell bei der adäquaten Kommunikation helfen können, oder Ressourcen beisteuern können. Beziehen Sie den Steuerkreis frühestmöglich mit ein und versuchen nicht, die Anzeichen unter den Teppich zu kehren oder falsches Heldentum zu zeigen. Offene Kommunikation und ein Logbuch der Zeichen und Ihrer Aktionen sind Ihre Überlebensgarantie. Führungskräfte wollen und müssen informiert sein. Krisenkommunikation sollte immer vom eigenen Unternehmen ausgehen und gesteuert werden. Wenn Kunden, Aufsichtsgremien oder andere externe Interessengruppen erst einmal über eine drohende oder vermeintliche Krise sprechen, dann ist man auf der Abwärtsspirale. Bereiten Sie sich als Führungskraft darauf vor, als Überbringer der schlechten Nachrichten feindselig behandelt zu werden. Gestehen Sie Ihren Gesprächspartnern durchaus ein, auch Emotionen zu zeigen.

Vermeiden Sie die typischen Fehler aus Aktionismus.   In der Krise ist nichts normal. Die Entscheidungsfindung – und Sie selbst – sind Teil der Krise. Hier einige Erfolgsrezepte:

- Als Projektmanager Führung und Vision zeigen
- Vertrauen aller Beteiligten bewahren
- Offen, sicher und kompetent kommunizieren
- Konflikte auflösen
- Mit hemdsärmeliger „Projekt-Bastelei" aufhören
- Win-win Strategie verfolgen
- Eskalationsspirale und nicht zielführende Management-Einmischung stoppen
- Auf Disziplin und Einhaltung von Vereinbarungen achten
- Kurzfristige Erfolge schaffen und kommunizieren
- Externen Krisenmanager oder Interim-Manager an Bord holen

Drängen Sie gerade in Krisen auf die Einhaltung von getroffenen Vereinbarungen. „Null Toleranz" gilt hier als erste Projektmaxime. Zeigen Sie Führungsstärke. Kommunizieren Sie nach innen und außen. Schützen Sie Ihre Projektmitarbeiter.

Wenn die Krise überstanden ist, heißt es daraus zu lernen – egal ob die Maßnahmen getragen haben, oder nicht. Nutzen Sie die Erfahrungen, um die Risikokultur zu verbessern. Leben sie künftig mehr Transparenz und Klarheit nach außen und innen. Fördern Sie das frühzeitige Benennen von Risiken. Erlauben Sie offenes Feedback im Projekt. Vereinbaren Sie für die Zukunft Konfliktregelungen in den Projekten. Lösen Sie unrealistische Vorgaben schnell auf. Fangen Sie Gerüchte frühzeitig ab und klären die Mannschaft auf. Merke: Gutes Krisenmanagement beginnt vor der Krise.

4.8.1 Checkliste Krisenmanagement

Die folgende Checkliste hilft Ihnen beim Bewerten, ob Ihr Projekt noch normal läuft, oder eigentlich bereits in der Krise ist. Beantworten Sie die zehn Punkte mit Ja oder Nein.

- Haben sich die Anforderungen zu mehr als 30 % seit Projektstart geändert?
- Sind die Verzögerungen in den vergangenen drei Perioden stetig gewachsen?
- Ist die gesamte Verzögerung bereits jetzt größer als 10 % der Gesamtdauer?
- Ist der Earned Value der aktuellen Ergebnisse mehr als 20 % unter dem Plan?
- Haben sich die ursprünglichen Annahmen zum Business Case verschlechtert?
- Wächst die Anzahl kritischer Fehler schneller als sie gelöst werden?
- Müssen Mitarbeiter ständig an Vereinbarungen erinnert werden?
- Ist der Status unklar? Eskalieren Sie häufig? Mischen sich viele Manager ein?
- Haben Lieferanten Verzögerungen signalisiert?
- Hat sich die Stimmung im Projekt in den letzten Wochen verschlechtert?

Mit mehr als zwei Ja-Antworten sind Sie auf dem Weg in die Krise.
Jetzt beginnt das Krisenmanagement.

4.9   Aufwand und Nutzen der Risikoabschwächung

Maßnahmen zur Risikoabschwächung kosten zusätzlichen Aufwand. Die
zusätzlichen Aufwände für die Risikoerkennung, Risikobewertung und
Risikokontrolle fallen dahinter weit zurück. Nehmen wir das Beispiel des
Projekts, das frühestens im Mai (Monat 5), wahrscheinlich im August
(Monat 8) und sicher im März (Monat 15) fertig wird. Um hier einer
Vertragsstrafe zu entgehen, müsste ein Zeitpuffer von mehreren Monaten
eingeplant werden (damit das Projekt sicher zum gewünschten Termin
abgeschlossen werden kann), was die Kosten extrem in die Höhe und die
Kunden zum Wettbewerber treibt.

Aufwand fällt meistens sowohl in Ressourcen als auch als Zeitdauer an. Dieser Aufwand zur Abschwächung wird im Projekt fällig – egal
ob das Risiko eintritt oder nicht! Abschwächung muss daher eingeplant
werden. Wenn der Projektmanager in obigem Beispielprojekt entscheidet, den Liefertermin auf Dezember (statt August) zu legen, dann setzt er
vier Monate mehr Zeit ein, die in der Regel auch verbraucht werden. Er
kann das Projekt kaum mehr abkürzen, wenn es einmal angelaufen ist.
Sollten nun einige Risikoauslöser nicht auftreten, dann werden die Mitarbeiter die Zeit anderweitig füllen. Das Projekt wird unnötig teuer und
dauert zu lange. Dies ist der Hauptgrund, weswegen viele leitende Manager die Risikoabschwächung und vor allem Puffer scheuen und dann
gar nichts als Risikoabschwächung machen.

Grundsätzlich sollte der Aufwand für Maßnahmen zur Abschwächung
viel niedriger sein, als die Summe der Risiken, denen Sie ausgesetzt sind.
Wenn das obige Projekt im Verzögerungsfall ein weiteres Projekt kannibalisiert, das dann nicht durchgeführt werden kann, aber daneben keine
weiteren Folgekosten entstehen (also keine unzufriedenen Kunden oder
Vertragsstrafen), dann muss der Nutzen dieses zweiten kannibalisierten
Projekts als Kosten für die Risikoabschwächung betrachtet werden. In
der Regel sind die Kosten im Eintrittsfall komplexer in der Berechnung,
sollten aber immer sorgfältig katalogisiert und verfolgt werden.

Häufig lohnt sich die Abschwächung (vor allem die Risikobegrenzung) aus statistischen Gründen nur im Gesamtportfolio – nicht in jedem Einzelprojekt. Dies ist der Ansatz der Versicherungsgesellschaften, die viele Einzelrisiken tragen können, da sich die meisten nicht materialisieren. Regressforderungen bei zu später Lieferung sollten beispielsweise nicht im Einzelfall abgeschwächt werden, sondern eher aus einem Budget über Ihr gesamtes Projektportfolio im Jahr beglichen werden. Wenn also eines von zehn Projekten im Jahr eine substantielle Verzögerung hat, für die Regressansprüche des Kunden fällig werden, macht es keinen Sinn, in jedes der zehn Projekte einen Zeitpuffer einzubauen, dessen Gesamtkosten über alle zehn Projekte schließlich höher liegt als die Regressforderungen bei dem betroffenen Projekt. Das Gegenbeispiel sind Kosten fehlender Qualität, die Sie leicht im Einzelfall reduzieren können, indem qualitätssichernde Maßnahmen und Vorhersagen der Qualität als Meilenstein- oder Freigabekriterien systematisch in jedes Projekt eingebaut werden. Sie müssen dazu abwägen, auf welcher Ebene welche Abschwächung greifen soll.

Führen Sie die Risikoabschwächung immer auf drei Ebenen durch:

- Innerhalb des Projekts für Meilensteine, Arbeitspakete oder Inkremente für alle jene Risiken, die frühzeitig sichtbar sind und bei denen leicht gegengesteuert werden kann. Beispiel: Fehler in Dokumenten oder im Code, Verzögerungen bei Lieferanten, falsch verstandene Anforderungen.
- Auf Projektebene für Risiken, die nur spät sichtbar werden. Beispiel: Projektverzögerungen in der Integration durch inkrementelle Entwicklung mit Time-Boxing, Schlüsselgruppen sind nicht angemessen berücksichtigt.
- Auf Portfolioebene für Risiken, die so sporadisch eintreten, dass die Abschwächungskosten im Einzelfall untragbar werden. Beispiel: Bedarf an zusätzlichen Ressourcen könnte ein externer Lieferant abdecken, mit dem Sie einen Rahmenvertrag für eine bestimmte Zahl von Programmier- oder Testwochen pro Jahr abschließen.

Was ist der Nutzen von Risikomanagement? Solange nichts passiert, ist es schwierig, zugunsten von Risikomanagement zu argumentieren. Und wie gerade gezeigt wurde, kann es leicht geschehen, dass die Risi-

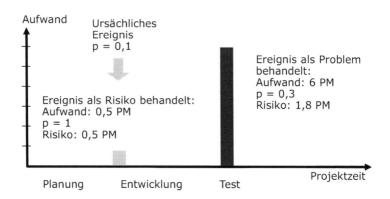

Abb. 4.3 Risikomanagement hat einen gewaltigen Hebel

koabschwächung unverhältnismäßig teuer wird. Abbildung 4.3 zeigt ein ganz einfaches Beispiel mit einem einzigen Ereignis, das mit einer Eintrittswahrscheinlichkeit von dreißig Prozent eintritt und dann Kosten von sechs Personenmonaten verursacht. Im Abschwächungsfall, der mit einer Eintrittswahrscheinlichkeit von hundert Prozent eintritt, weil Sie es so entscheiden, fällt ein Zusatzaufwand von einem halben Personenmonat als Zusatzaufwand an. Da typischerweise die Aufwände in der Vorbeugung nicht additiv auftreten, sondern sich überlagern, wird der Hebel in der Praxis sogar noch größer. Risikomanagement hat im Software- und IT-Projekt typischerweise neben Requirements Engineering den höchsten ROI.

Der Nutzen des Risikomanagement wird als Integral über die Risiken und deren Abschwächung berechnet. Zumeist sind allerdings die Verhältnisse nicht ganz so verschwommen wie in diesem Beispiel. Beispielsweise könnte als Risiko ein Fehler im Lastenheft betrachtet werden, der erst im Test gefunden wird und entsprechend teuer in der Korrektur ist. Viele solcher potenzieller Fehler können durch die gleiche Abschwächungsmaßnahme entdeckt werden, indem das Lastenheft systematisch geprüft wird. Um nun zu verhindern, dass Aufwand in der Prüfung verschwendet wird, werden zusätzliche Filterkriterien genutzt, die dabei helfen, die Prüfungen auf bekannte Fehlerquellen zu fokussieren und nur solche Passagen zu prüfen, die kritisch sind. Zusätzlich können die Fehlerraten

pro Seite oder pro Kapitel verglichen werden, um damit Teile zu identifizieren, die intensiver geprüft werden müssen.
Zusammengefasst ist die Motivation für das Risikomanagement:

- Verbesserte Fähigkeit, Chancen unmittelbar zu ergreifen und auf Probleme frühzeitig zu reagieren.

- Mögliche Bedrohungen werden erkannt und Ihr Blick (oder Gefühl) für jene Risiken geschärft, die zum Problem werden können.

- Verschiedene Handlungsalternativen werden identifiziert und bewertet.

- Gefahrenpotenziale werden reduziert und Alternativlösungen rechtzeitig geplant.

Risiken kontrollieren 5

5.1 Risikokontrolle – Ein notwendiges Übel?

Risiken können nur beherrscht werden, wenn sie kontrolliert werden. Wer Risiken nicht proaktiv kontrolliert wird durch seine Risiken reaktiv bestimmt. Risiken zu identifizieren und zu bewerten ist kein großer Aufwand, wenn die Techniken eingesetzt werden, die das Buch bisher vermittelt hat. Aber das genügt nicht, um die Risiken effektiv zu kontrollieren. **Die vereinbarten Aufgaben zur Abschwächung müssen kontrolliert werden, um bei Abweichungen frühzeitig gegensteuern zu können.** Beispielsweise kann sich die Eintrittswahrscheinlichkeit vergrößern, sodass weitere Maßnahmen nötig werden. Oder aber, sie reduziert sich (oder die Folgen verschwinden, weil ein Meilenstein erreicht wurde), und die Aufgaben zur Abschwächung können beendet werden. Risikokontrolle ist wichtig, damit Risikomanagement wirtschaftlich sinnvoll bleibt.

Viele Unternehmen identifizieren Risiken und tun sich in der Kontrolle schwer. So wurde beispielsweise bei einem führenden Pharmakonzern das eigene Frühwarnsystem im Zusammenhang mit einem neuen Cholesterinsenker weitgehend ignoriert, mit immensen Kosten nach der falschen Markteinführung. Das Ergebnis war eine Verringerung des Firmenwerts um mehrere Milliarden Euro innerhalb weniger Tage und drastische Schadenersatzforderungen.

C. Ebert, *Risikomanagement kompakt*, IT kompakt,
DOI 10.1007/978-3-642-41048-2_5, © Springer-Verlag Berlin Heidelberg 2013

Risiken müssen regelmäßig kontrolliert werden. Dazu dienen die folgenden Prüfpunkte:

- Greifen die vereinbarten Aufgaben zur Abschwächung?
- Sind die Risiken und die vereinbarten Aufgaben noch relevant?
- Hat sich ihre Bewertung geändert?
- Hat sich der Status von Risiken geändert?
- Sind die Risiken zu einem Problem geworden?
- Gibt es neue Risiken?

Die meisten Risiken, die wir hier betrachten, sind Projektrisiken. Das liegt daran, dass IT- und Softwarelösungen praktisch immer in Form von Projekten entwickelt werden. Darüber hinaus gibt es auch noch strategische (unternehmerische oder wirtschaftliche) Risiken, die wir im nächsten Kapitel betrachten.

Projektrisiken werden im Projektmanagement kontrolliert (Abb. 5.1) Dort stehen die relevanten Indikatoren zur Verfügung, man kennt die Ziele und den Projektplan und man hat die Infrastruktur bereits für periodische Reviews mit den Schlüsselgruppen, an die das Projekt berichtet. Der Zusatzaufwand für die Risikokontrolle wird minimal, wenn sie als regulärer Tagesordnungspunkt in Projekt-Reviews eingebaut wird. Zudem tut sich der Projektmanager mit den Einflüssen aus Risiken – sei es die Kosten für die Abschwächung oder die Bewertung verschiedener Handlungsalternativen – leichter, wenn er eine bereits vorhandene Infrastruktur zur Kontrolle nehmen kann.

Für strategische oder technische Risiken, die nicht zu einem bestimmten Projekt gehören, gibt es ebenfalls Möglichkeiten, die Risikokontrolle zu systematisieren:

- Portfolio-Reviews
- Regelmäßige Prüfung von strategischen Risiken, beispielsweise bei Vertragsverhandlungen, Unternehmensbewertungen, Unternehmensübernahmen, Vertriebspartnerschaften
- Audits von Projektergebnissen
- Regelmäßige Prüfung des Business Case und seiner Annahmen, also Kosten und Verkaufszahlen

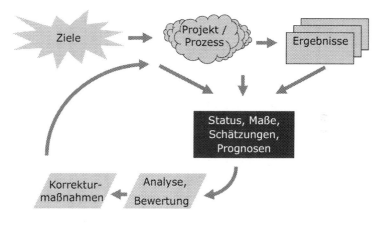

Abb. 5.1 Risikomanagement ist Teil des Projektmanagements

- Audits von Konfigurations- und Änderungsmanagement
- Regelmäßiges Assessment der Prozessfähigkeit im eigenen Unternehmen und bei Lieferanten
- Unabhängige Bewertung der Lieferanten und Schnittstellen
- Zertifizierung des Qualitätsmanagementsystems
- Prüfung der IT-Sicherheit
- Externe Experten und Berater, um Risiken und Organisation unabhängig zu bewerten.

Geschäftskritische Risiken sollten so kontrolliert werden, dass **kein Interessenkonflikt** entsteht, beispielsweise durch eine unabhängige Gruppe (Projektbüro, Programmbüro, Engineering Process Group, Controlling, zentrale Audit-Funktion).

„Do what you can, with what you have, where you are". Dieses Zitat von Theodore Roosevelt unterstreicht, dass die Einführung von Risikomanagement Grenzen hat, die erst langsam verschwinden. Muten Sie sich daher nicht zu viel zu. Betrachten Sie anfangs

nur jene Risiken, die Sie auch effektiv abschwächen können. Sie
tun sich und Ihrem Unternehmen keinen Gefallen, wenn Sie zu
viele Themen bearbeiten wollen, die größtenteils außerhalb des
Einflussbereichs des Projekts liegen, in dem Sie gerade arbeiten.
Aufgeblasene Risikolisten bewirken nichts, außer „Paralyse durch
Analyse".

Ein ganz wichtiger Aspekt der Risikokontrolle ist die **Auditierbarkeit**. Sobald Risiken und Dokumente sauber archiviert sind, kann das Risikomanagement zu jedem Zeitpunkt auf seine Effektivität hin auditiert werden. Man mag dies als Bürokratie abtun, jedoch sollte mit den sich verschärfenden Gesetzen im Risikomanagement und der Unternehmenskontrolle dieser Zwang nicht unterbewertet werden. Bei der Kreditvergabe fordert auch in Deutschland bereits der Gesetzgeber eine volle Auditierbarkeit der Risiken und der Maßnahmen zu ihrer Abschwächung.

5.2 Template für die Risikokontrolle

Ein einfaches Spreadsheet genügt zur Analyse und Kontrolle der identifizierten Risiken. Für jedes identifizierte Risiko sollten Sie mindestens einen Indikator auswählen, der Ihnen den Status anzeigt. Dieser Indikator sollte frühestmöglich signalisieren, falls sich die Wahrscheinlichkeit ändert. Planen Sie konkrete Aufgaben zur Abschwächung ein.

Typischerweise sollte das Template zumindest die folgenden Informationen enthalten:

- Risikonummer
- Bezeichnung (zum Verständnis, was sich hinter dem Risiko verbirgt)
- Eintrittswahrscheinlichkeit
- Auswirkungen (im Eintrittsfall)
- Aufgaben zur Abschwächung
- Verantwortlicher für die Aufgaben
- relevante Termine (z. B. wann das Risiko neu bewertet wird oder wer die Aufgaben ausführt)

- Kommentare (z. B. zur Beschreibung des jeweiligen Notfallplans falls das Risiko eintritt)

Abbildung 5.2 zeigt ein solches Template mit einem Risiko, das bereits abgeschwächt wurde, woraufhin sich die Eintrittswahrscheinlichkeit reduziert hat.

Dokumentieren Sie das Risikomanagement und die getroffenen Maßnahmen nebst der Kontrolle. Wir sprechen bei Audits oft Projektmanagers, die treuherzig betonen, Risikomanagement zu machen, aber außer einer Risikoliste gibt es keine anwendbaren Dokumente. Da ist es mit Governance nicht weit her, und in Schadensfällen haben diese Unternehmen keine Chance.

Alle Risiken werden in einer einzigen Liste pro Projekt dokumentiert und archiviert. Damit ist sichergestellt, dass jeder Projektmitarbeiter Zugriff auf die aktuelle Fassung hat, und die Maßnahmen richtig umgesetzt werden. Gerade bei kritischen Systemen ist die Nachvollziehbarkeit und automatische Nachverfolgbarkeit wichtig, um den Aufwand zur konsistenten Dokumentation und bei Audits gering zu halten. Automatische Verknüpfungen in einem Werkzeug wie Vector PREEvision, Polarion oder anderen Requirements-Werkzeugen helfen dabei. Abbildung 5.3 zeigt beispielhaft die komplett automatisierte Dokumentation von Sicherheitsrisiken im Projekt.

Zum Schluss noch einige Tipps, wie Sie die Risikokontrolle optimieren können:

- Verfolgen Sie die wichtigsten Risiken kontinuierlich und systematisch.
- Kontrollieren Sie nur so viele Risiken, wie sie auch Kapazitäten zur Abschwächung eingeplant haben.
- Halten Sie die Kontrolle so einfach wie möglich. Verwenden Sie ein standardisiertes Template, wie es gleich vorgestellt wird.
- Bestrafen Sie nicht für das Kommunizieren von Risiken. Sollten Trivialitäten verfolgt werden, müssen Sie gegenlenken und Ihre Mitarbeiter aufklären.

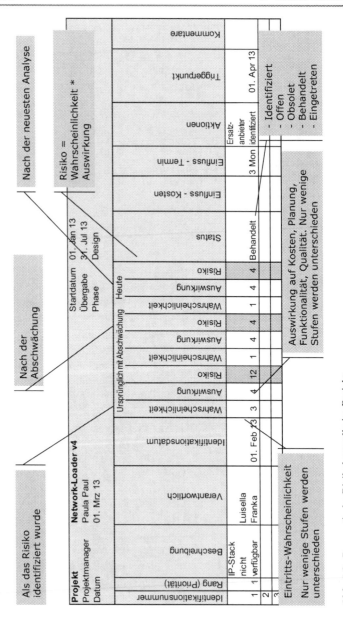

Abb. 5.2 Pragmatische Risikokontrolle im Projekt

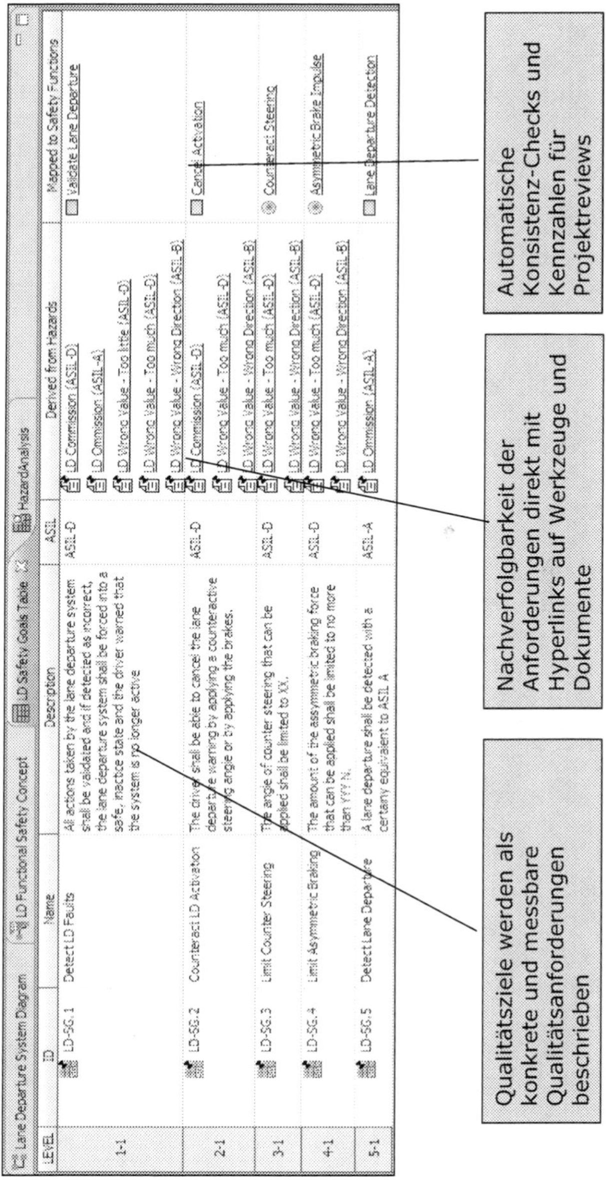

Abb. 5.3 Risikokontrolle von Qualitätsanforderungen

- Erziehen Sie Ihre Mitarbeiter und vor allem das Management dazu, Risiken in Kauf zu nehmen und gleichzeitig abzuschwächen.
- Falls das Risiko eingetreten ist, werfen Sie den Notfallplan an, um Panik zu verhindern wenn das Risiko erst einmal eingetreten ist.
- Nach dem Projektabschluss werden die Erfahrungen und so genannte „Lessons Learned" zusammengefasst und das Risikomanagement für folgende Projekte neu justiert.

5.3 Reviews

Formalisierte regelmäßige Reviews sind das beste Werkzeug zur Risikokontrolle. Ein Review bringt die richtigen Schlüsselpersonen zusammen und erlaubt es, mittels einer vorher festgelegten Agenda die Kontrolle der Risiken zu einem regulären Tagesordnungspunkt zu machen – ohne dass zusätzlicher Aufwand ins Spiel kommt.

Reviews dienen dazu, eine Entscheidung zu treffen, die nachher auch getragen und umgesetzt wird. Bei großen Projekten gibt es dedizierte Teams, welche die Reviews analysieren und vergleichbar machen. Das hat den Vorteil, dass sich der Review ganz auf das Lösen von offenen Fragen konzentrieren kann und nicht in technischen Details versinkt. Entscheidungen müssen vor dem Review vorbereitet werden, sodass Handlungsalternativen bewertet sind und nur noch entschieden werden müssen.

Reviews haben die folgenden Inhalte, die der Risikokontrolle dienen:

- Kontrolle des Fortschritts im Vergleich zum Projektplan und zu den Projektzielen (Entwicklungsergebnisse, Qualität, Kosten)
- Bewertung des Projektstatus
- Entscheidung zwischen Handlungsalternativen
- Zuweisung oder Reduzierung von Ressourcen

Es gibt verschiedene Ausprägungen von Projektreviews, die sich vor allem hinsichtlich ihrer Frequenz unterscheiden.

Meilenstein-Reviews werden eher selten und nur beim Erreichen eines relevanten (vorher festgelegten) Meilensteins einberufen. Sie dienen in der Regel auch dem Portfoliomanagement und können ein Projekt beenden, wenn es die Erwartungen nicht erfüllen kann oder wenn sich ursprüngliche Annahmen beträchtlich verändert haben, sodass das Projekt nicht mehr im angenommenen Umfang zum Unternehmenserfolg beitragen kann. In der Regel sind Meilenstein-Reviews mit dem Lebenszyklus eines Produkts eng verbunden und werden beispielsweise nach der Marktstudie, vor dem Start der Entwicklungsarbeiten, vor der Freigabe, vor dem Start eines Wartungsprojekts oder zu den Ausphasen eines Produkts einberufen. Sie stehen in der Regel unter der Leitung eines Produktmanagers, der die Portfolioverantwortung trägt.

Projektreviews werden durch den Projektmanager und sein Team vorbereitet. Er hat dazu normalerweise eine standardisierte Agenda, in der der Projektstatus gegenüber der ursprünglichen Planung, den Metriken (Fortschritt, Ressourcenbedarf, etc.), Risiken und deren Status, und technische Fragen kommuniziert und erörtert werden. Wie der Meilenstein-Review dient auch der Projektreview dazu, ein Bild vom Status zu kommunizieren und zu versichern, dass alle Schlüsselpersonen weiterhin in die gleiche Richtung arbeiten. Offene Punkte und Entscheidungen werden vor dem Review vorbereitet und in ihren Einflüssen erörtert und dann entschieden. Projektreviews finden üblicherweise alle ein bis vier Wochen statt, wobei kleine, agile Projekte den Projektreview in einer kurzen Zeit als „Scrum" durchführen können. Projektreviews kombinieren immer den Status gegenüber der Planung sowie einen Ausblick. Abbildung 5.4 zeigt wie Risiken im Projekt kontrolliert werden. Beispielsweise zeigt der Testfortschritt anhand der geschätzten Restfehler, ob das Produkt bereits frei gegeben werden kann, und wie das Risiko bei einer zu frühen Freigabe aussieht.

Für die kontinuierliche Projektkontrolle empfehlen wir eine Statusübersicht im Intranet, die weitestgehend innerhalb des Workflow-Managements abläuft. Dazu gehören übersichtliche Ampeldarstellungen, welche die wichtigsten Kennzahlen gegen die vereinbarten Ziele und Planwerte vergleichen und je nach Zielerreichung und

Aktivität	Fortschritt	Risikoindikatoren
Projekt-Management	Aufwandsverfolgung, Vollständigkeit und Implementierungsgrad der Anforderungen	Aufwandschätzung versus Plan, Earned Value, Risikostatus, Prozessfähigkeit
Qualitäts-Management	Stabilität der Ergebnisse, offene Fehler	Restfehler, offene Fehler, Kundenzufriedenheit
Requirements-Management	Analyse, Spezifikationen und Modelle	Anforderungsstabilität, Anforderungsvollständigkeit
Design, Implementierung	Design-Dokumente, Quellcode, Änderungsanforderungen, Effizienz, Fehlerentdeckung	Implementierungsgrad der Anforderungen, Restaufwand, Zeitverzug, Qualität
Test	Testfortschritt (Fehler, Abdeckung, Aufwand, Stabilität)	Restfehler, Zuverlässigkeit, Restaufwand, Liefertermin
Auslieferung	Feldverhalten (Fehler, Korrekturen, Ausfälle)	Restfehler, Zuverlässigkeit, Wartungskosten

Abb. 5.4 Risiken werden in den operativen Projektaktivitäten kontrolliert und abgeschwächt

extrapolierter Entwicklung des Projekts ein grünes, gelbes oder rotes Licht leuchten lassen.

Abbildung 5.5 zeigt ein solch standardisiertes Projekt-Controlling, das entweder mit Excel oder komplett automatisch bearbeitet wird. Solche Statusübersichten vereinfachen die Überwachung eines Projektportfolios stark und helfen auch dem Produkt- oder Projektmanager, ständig die Dinge im Auge zu behalten, die für sein Management unabdingbar sind.

Fortschritt muss an greifbarem Wert festgemacht werden. Oftmals wird Fortschritt anhand von Dokumenten oder Code gemessen, die keinen Nutzen aus Kundensicht darstellen. Das mag im Einzelfall relevant sein, wenn ein Kunde genau diesen Zwischenschritt verlangt. Das führt oft zum „Neunzig-Prozent-Fertig Symptom", dass nämlich ein Projekt oder eine Aufgabe 90 % der Zeit 90 % fertig

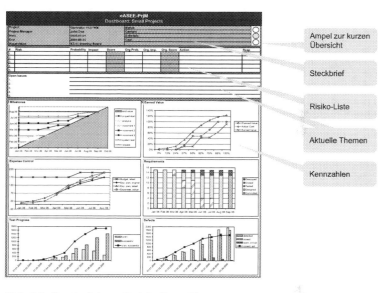

Abb. 5.5 Standardisiertes Projekt-Controlling

ist, also Blindflug. Daher wird Fortschritt im Portfolio, in Projekten oder bei Lieferanten anhand von Inkrementen mit vereinbarter Funktionalität kontrolliert. Arbeitspakete sind immer binär, also noch offen oder abgeschlossen. „Fast fertig" gilt nicht und heißt offen.

Dazu gibt es verschiedene Ansätze, wie beispielsweise die „**Earned Value**"-Methode, welche den Aufwand und die Zeit mit den erreichten Ergebnissen ins Verhältnis stellt. Sollte der bisher erreichte Nutzen hinter dem prognostizierten Nutzen für den heutigen Zeitpunkt zurückbleiben, oder wurde bereits mehr Budget investiert, als zum heutigen Zeitpunkt und den erreichten Nutzen geschätzt wurde, hat das Projekt ein Verzugs- oder Kostenrisiko. Earned Value ist daher ein gut einsetzbares Konzept zur Risikokontrolle.

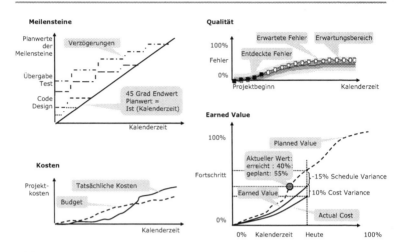

Abb. 5.6 Projekt-Controlling mit Kennzahlen

Ein einfaches quantitatives Dashboard für Projektreviews ist in Abb. 5.6 dargestellt. Alle vier Metriken dienen sowohl zur Fortschrittskontrolle als auch zur Risikokontrolle. Die **Meilensteinverzögerung** zeigt ursprünglich geplante Meilensteine gegenüber den erreichten Daten. Im Idealfall verlaufen die Plankurven horizontal, das heißt, dass der ursprünglich vereinbarte Termin auch eingehalten wird. Im Beispiel der Abbildung allerdings zeigt die oberste Kurve eine so genannte „Salamitaktik", bei der jede Woche die Verzögerung wieder etwas angepasst wird. Die **Kostenkontrolle** zeigt die Budgetplanung sowie die aktuellen und prognostizierten Ausgaben. Abweichungen können leicht festgestellt und hinterfragt werden. Die **Qualitätskurve** zeigt die erwarteten Fehler über der Projektdauer im Vergleich zu den entdeckten Fehlern. Diese Kurve zeigt vor allem Qualitätsrisiken (z. B. wenn Fehler nicht in der Entstehungsphase entdeckt werden) sehr frühzeitig auf. Unten rechts schließlich findet sich ein **Earned-Value-Chart**, das den Fortschritt der Kundenanforderungen gegenüber den jeweils geplanten Zeiten und Aufwände darstellt.

Dieses Earned-Value-Chart (Abb. 5.6, rechts unten) zeigt den geplanten und erreichten Wert eines Projekts über der horizontalen Zeitachse, welche die Projektdauer prozentual darstellt. Die Ordinate zeigt Kosten und Wert ebenfalls prozentual. Dadurch lassen sich die Skalen übereinander legen. Der Wert errechnet sich aus den bereits integrierten Funktionen oder Anforderungen. Diese können gewichtet werden, wenn man ihren Wert aus dem ursprünglichen Business Case vor Projektstart kennt (was zur Priorisierung von Anforderungen und zum Risikomanagement beim Time-Boxing sehr ratsam ist). Zum heutigen Termin ist im Beispiel ein Wert von 55 Prozent geplant, allerdings wurden nur 40 Prozent erreicht. Die dafür angefallenen Kosten betragen 30 Prozent der geplanten Ausgaben zum heutigen Tag. Daraus lässt sich ableiten, dass das Projekt auf eine Verzögerung hinausläuft, deren Ursache eine zu geringe Kapazitätsplanung ist. Der Vorteil dieser kombinierten Darstellung ist die einfache Vergleichsmöglichkeit von Planungsdaten und Fortschritt – normiert auf den erreichten Wert im Projekt. Earned Value setzt eine inkrementelle Vorgehensweise voraus, wo Arbeitspakete binär abgeschlossen werden und damit Fortschritt zeigen kann.

5.4 Beispiel: Informationssicherheit

Nachtfahrt auf der Autobahn. Das Display flackert plötzlich, und ein störender Pfeifton kommt abrupt aus den Lautsprechern. Der Fahrer reagiert falsch und verursacht einen Unfall. Zukunftsszenario oder Fiktion? Mit wachsender Komplexität und Vernetzung sowie der Nutzung von Standardkomponenten werden Kommunikationssysteme zunehmend angreifbarer und müssen geschützt werden. Informationssicherheit (IS; englisch „Security") wird nicht nur entscheiden, welche Hersteller und Elektronikplattformen den Markt für Standardkomponenten zukünftig beherrschen, sondern auch, ob und wie schnell weiter gehende Kommunikationsinfrastrukturen am Markt akzeptiert werden.

Was ist IS? Grundsätzlich ist IS eine Systemeigenschaft und wirkt zusammen mit Verfügbarkeit, Sicherheit und Robustheit. Qualität in einem System bedeutet, dass das System alles das tut, was von ihm erwartet wird. IS dagegen bedeutet darüber hinaus, dass das System selbst bei einem böswilligen Angriff nichts tut, was von ihm nicht erwartet wird.

Die Bedrohungsszenarien verändern sich branchenübergreifend derzeit stark. Durch die zunehmende Vernetzung auf verschiedenen Ebenen, also beispielsweise Steuergeräte, Komponenten, Diagnose, Telematik, entsteht eine bisher nicht da gewesene Komplexität. Diese Komplexität führt dazu, dass nicht mehr alle Kombinationen von Ereignissen und Funktionen in gleichem Ausmaß beherrscht werden. Es ist nur eine Frage der Zeit, bevor hierdurch entstandene Schwächen identifiziert und missbraucht werden. Heute übliche Kommunikationssysteme bieten offene Schnittstellen, beispielsweise DVDs, USB, Bluetooth, Konfigurationsschnittstellen, über die Viren und Trojaner in die jeweiligen Betriebssysteme eingebracht werden können. Schließlich können fehlerhafter Code und Konfigurationen zu vielfältigen, unbekannten Angriffspunkten führen. Gemeinsam ist diesen verschiedenen Bedrohungsszenarien, dass sie aus einem unzureichenden Bewusstsein und fehlender Aufmerksamkeit für IS resultieren. Zwei wesentliche Aspekte werden heute allerdings noch kaum beachtet. Künftige Bedrohungsszenarien gehen über Einzelfunktionen hinaus und greifen ein System im Zusammenspiel von Funktionen und Komponenten an. Informationssicherheit ist aufgrund intelligent und böswillig eingeschleuster Fehlerursachen sehr viel schwieriger zu gewährleisten als zufällige Ausfälle einzelner Komponenten.

Risikomanagement für IS muss gezielt die wesentlichen IS-Anforderungen und ihre Umsetzung sicherstellen. Dies beginnt bereits in der Spezifikationsphase (z. B. Sicherheitsanforderungen, Misuse Cases, Umgebungsanalyse, Security-Risikoanalyse, Common Criteria, Bedrohungsmodelle), setzt sich in der Implementierung und Integration fort (z. B. sichere Architekturen, Komponentenauswahl und -prüfung, Design- und Coderichtlinien, Verwundbarkeitsanalyse, Codeanalyse, Sicherheitstests), wird durch eine unabhängige Evaluierung auf Prozess- und Produktebene bestätigt und hat stringente Prozesse für die gesamte Lebensdauer des Produkts (z. B. auch Patch-Management, Notfallwarnungen, Fehleranalyse, Risikokommunikation). Abbildung 5.7 zeigt, wie verschiedene Maßnahmen zur IS im Entwicklungsprozess zusammenspielen müssen, um IS zu sichern und zu gewährleisten.

Als brauchbarer Startpunkt für die Gewährleistung von IS im Produkt und damit für das Security RE hat sich die Technik der Bedrohungsszenarien, Misuse Cases und Negativmodelle herausgestellt. Man beginnt

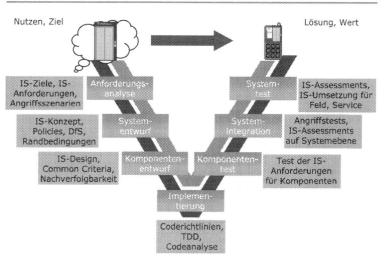

Nutzen, Ziel   Lösung, Wert

Abb. 5.7 Risikomanagement für Informationssicherheit

mit einem funktionalen Modell des Produkts, also mit Zuständen und gewünschten Funktionen. Dann wird parallel zu diesem funktionalen Modell ein Negativmodell erstellt, das gezielt Missbrauchsszenarien beschreibt (z. B. Funktionen werden bei Netzüberlast priorisiert), die dann mit weiteren funktionalen Szenarien korreliert werden (z. B. Admin-Funktionen müssen für Wartungspersonal immer priorisierbar sein). Aus diesen Bedrohungsszenarien werden konkrete Systemanforderungen abgeleitet und umgesetzt (z. B. Ausschluss aller nicht explizit erlaubten Szenarien, die zur Priorisierung führen können). Schließlich werden Prüfungen auf Komponenten-, System- und Netzwerkebene durchgeführt, vor allem mittels Codeanalyse, Szenario-Reviews und Angriffstests.

Darauf aufbauend werden konkrete Maßnahmen zur Informationssicherheit in Architektur und Entwicklung abgeleitet und systematisch umgesetzt, beispielsweise:

• Steigern Sie das Bewusstsein für Informationssicherheit in der Entwicklung. Trainieren Sie Entwickler ganz gezielt durch IS-Spezialisten aus verschiedenen Branchen.

- Spezifizieren Sie IS als Qualitätsanforderung mit darauf bezogenen funktionalen Anforderungen. Setzen Sie Sicherheitsanforderungen, Misuse Cases, FMEA und Bedrohungsmodelle ein, die gezielt Bedrohungsszenarien spezifizieren.
- Definieren und setzen Sie verbindliche Design- und Codestandards ein. Prüfen Sie die Umsetzung dieser Standards.
- Definieren und setzen Sie verbindliche Prüftechniken ein. Nutzen Sie Werkzeuge zur statischen und dynamischen Codeanalyse, die gezielt für Informationssicherheit konfiguriert sind.
- Stellen Sie durch Richtlinien und Audits sicher, dass es keine im Feld nutzbaren Angriffsmöglichkeiten gibt, die beispielsweise als Diagnoseunterstützung vorgesehen waren. Auch kunstvoll versteckte Schlupflöcher lassen sich nicht geheim halten!
- Machen Sie Informationssicherheit von den Anforderungen bis zum Produkt systematisch nachvollziehbar und prüfbar. Lassen Sie die getroffenen Maßnahmen regelmäßig durch externe Spezialisten auditieren.
- Lassen Sie Security-Experten gezielte Angriffe auf Ihre Produkte und die Systeme, in die sie eingesetzt werden (z. B. Diagnosesysteme, Telematiklösungen), durchführen.

Informationssicherheit wird nach aller Erfahrung am stärksten kompromittiert, wenn das Produkt entwickelt und freigegeben ist. Häufig werden Änderungen dann spontan eingearbeitet und folgen nicht mehr den ursprünglichen Anforderungen und Freigabekriterien. Dies gilt insbesondere für Änderungen auf Systemebene, denn häufig wird der zusätzliche Aufwand für Prüfungen und Konsistenzsicherung sowie Regressionstests bei vermeintlich kleinen Anpassungen oder Erweiterungen nicht investiert. Änderungen in einzelnen Funktionen oder Komponenten müssen daher einer weitreichenden Einflussanalyse unterzogen werden, um die potenzielle Auswirkung auf das IS-Konzept auf Systemebene zu bewerten.

Dies gilt bei der Freigabe von neuen Entwicklungsständen, aber auch bei Austausch und Einbau von neuen Komponenten im Feld. Vor dem

Einbau muss eine Konsistenzprüfung der dadurch neu entstehenden Systemkonfiguration durchgeführt werden, um zu erkennen, ob durch die Änderung Kompatibilitätsprobleme auftreten und ob weitere Komponenten aktualisiert werden müssen. Ein Beispiel sind Fehlallokationen von Speicherplatz oder simple Überläufe von Eingangsspeichern. Maßnahmen beinhalten, dass Auswirkungen von Änderungen im Vorfeld analysiert und im Kontext eines Systemrelease (SW, HW, IT, Services) ausführlich geprüft werden, dass Änderungen, die eine Auswirkung auf die systemweite Informationssicherheit haben, zu einem neuen Systemrelease führen, dass neue Konfigurationen im Feld nur aktiviert werden, wenn HW/IT, SW und Services zueinander passen, und dass die komplette SW-Versorgungskette durch Verschlüsselung, Authentifizierung etc. abgesichert wird, vom Download aus dem zentralen Server bis zum Freischalten im System.

Strategie des Risikomanagement 6

6.1 Risikostrategie: Anleitungen für das Tagesgeschäft

Um zu reproduzierbaren Verhaltensnormen im täglichen Risikomanagement zu kommen, wird die Risikostrategie eingesetzt. Eine greifbare und gut kommunizierte Risikostrategie versichert, dass Risiken wirklich gemanagt werden und nicht ignoriert, bis es zu unliebsamen Überraschungen und schwerwiegenden Problemen kommt. Die Risikostrategie liefert Antworten zu den folgenden Beispielen aus dem Tagesgeschäft:

- Typische und sich wiederholende Risiken und Szenarien, und wie damit umgegangen wird (z. B. Unteraufträge, technische Risiken, Vertragsänderungen, Anpassungen der Projektinhalte).
- Einen skalierbaren Prozess des Risikomanagement, der sich auch bei unterschiedlichen Randbedingungen einsetzen lässt (z. B. kleine und große Projekte; unterschiedlicher Grad der Kundenbeteiligung im Projekt; verschieden hohe Unsicherheiten der Anforderungen).
- Kommunikation von Risiken sowohl intern als auch extern. Eine systematische interne Kommunikation hilft dabei, Risikomanagement zu standardisieren. Eine gute und disziplinierte externe Kommunikation versichert, dass Kunden nicht das Gefühl bekommen, je nach Mitarbeiter und Kontaktpunkt unterschiedliche Antworten zu bekommen. Verbindlichkeit gegenüber den Kunden ist ein Erfolgsfaktor in praktisch allen Projekten und Geschäftsmodellen. Dies gilt gerade dann, wenn Sie Ihren Kunden kommunizieren müssen, dass Änderungen und Flexibilität Extrakosten verursachen.

C. Ebert, *Risikomanagement kompakt*, IT kompakt,
DOI 10.1007/978-3-642-41048-2_6, © Springer-Verlag Berlin Heidelberg 2013

- Risikomanagement vor Projektstart. Die meisten späteren Probleme sind als Risiken bereits vor Projektstart bekannt. Je früher sie abgeschwächt werden, umso einfacher und wirksamer sind die getroffenen Maßnahmen. Wenn beispielsweise vor Projektstart klar ist, dass die Anforderungen sich stark ändern werden, dann können der Projektlebenszyklus und das Kunden- oder Vertragsmanagement entsprechend angepasst werden. Wenn die Änderungen im einmal geplanten Projekt mühsam eingebaut werden müssen, dann führt das zu Nacharbeiten, Verzögerungen und Extrakosten.
- Konsistenz Ihrer Prozesse. Risikomanagement ist nicht einfach. Soll es erfolgreich sein, dann müssen Sie auf Disziplin und Konsistenz drängen. Dies beginnt mit der Risikostrategie (also einer für das ganze Unternehmen verbindlichen Richtlinie) und muss zu Konsequenzen bei Nichtbeachtung führen. Wenn also der Projektmanager keinen adäquaten Risikoplan hat und verfolgt, so ist das ein unprofessionelles Fehlverhalten.

Die Risikostrategie gibt strategische Antworten auf strategische Risiken. Sie verhindert damit, dass einzelne kritische Risiken auf Projektebene behandelt werden, ohne den Zusammenhang und Einfluss auf das Unternehmen zu erkennen. Viele gleiche Projektrisiken mit mittlerem Einfluss sind in ihrer Gesamtheit ein strategisches Risiko. Ein Beispiel sind unzureichend trainierte Projektmanager oder fehlende Templates für Schätzung und Planung. Bei solchen Risiken helfen sub-optimale Lösungen nichts, da Aufwände noch zusätzlich verbrannt werden und nicht wenige Mitarbeiter und Manager daraus schließen, dass Risikomanagement nur unnötiger Formalismus ist.

Daher setzen gute Unternehmen das Risikomanagement als hierarchischen Prozess ein, der einerseits versichert, dass das einzelne Projekt innerhalb seiner Anforderungen und Vereinbarungen erfolgreich ist, aber auch dass das Unternehmen den maximalen Nutzen daraus ziehen kann.

Die Risikostrategie betrachtet immer alle Einflussfaktoren und versucht, allgemeingültige Regeln und Erfahrungen zu kommunizieren. Abbildung 6.1 zeigt die Sichtweise der Umgebungsfaktoren für die IT-Industrie, die aus M. Porters „Competitive Advantage" abgeleitet wurde. Sämtliche externe Einflussfaktoren stellen ein Risiko für die Softwareproduktentwicklung oder die IT im Unternehmen dar. Alle

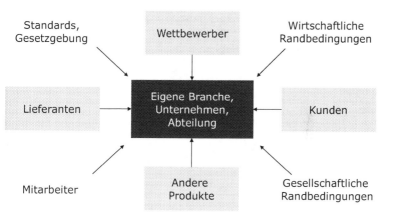

Abb. 6.1 Systematische Risikosegmentierung in der Software-Industrie

diese Faktoren müssen bewertet werden, um zu einem umfassenden Risikomanagement zu kommen. Allerdings kann diese Bewertung einmal gemacht werden und dann im Rahmen von Einflussfaktoren und vorher vereinbarten Kriterien wiederholt eingesetzt werden. Marktänderungen beispielsweise sollten niemals nur innerhalb des Projekts oder der Produktlinie abgeschwächt werden. In der Regel sind die Einflüsse unternehmensweit und verlangen eine synchronisierte Antwort (oder Verhaltensänderung). Wichtig ist es, die Einflussfaktoren in der eigenen Umgebung zu kennen und regelmäßig zu verfolgen. Dies kann bereits relativ leicht im regulären Portfoliomanagement mit seinen periodischen Portfoliobewertungen geschehen. Zusätzlich sollten die Faktoren und der zu erreichende Einfluss (z. B. Lieferantenpreise, Prozessverbesserungen, Mitarbeiterweiterbildung) für die Quartalsziele und Vorgaben einer balancierten Scorecard eingesetzt werden.

Auch die Risikostrategie profitiert von Checklisten, die beim Identifizieren dieser Risiken helfen. Dabei werden vor allem technische und wirtschaftliche Risiken betrachtet, die außerhalb des Radarschirms eines Projektmanagers liegen.

Checkliste zur Identifizierung technischer Risiken

- Kompetenzen, Technologiebeherrschung
- Projektmanagement
- Kundenbeziehungen, Schnittstellen
- Unterauftragnehmer, Lieferanten
- Produktion, Lieferung, Verteilung
- Komponenten oder Produkte herstellen oder kaufen
- Kompatibilität, Standards
- Service, Wartung, Korrekturen
- Kundenschulung
- Technische Innovationen
- Eigene und fremde Patente, Copyrights, proprietäre Technologien.

Checkliste zur Identifizierung wirtschaftlicher Risiken

- Preisgestaltung, Rabatte, Bonussysteme
- Zahlungsverzug oder -ausfall
- Anschlussaufträge
- Produkthaftung
- Klagen, Prozesse, Gesetzgebung
- Piraterie, Kopieren des Produkts
- Kundenbeteiligung
- Lieferanten
- Wettbewerber
- Marktänderungen
- Einführungszeitpunkt
- Einfluss von Investoren, Aktionären, Banken, etc.

Technische Risiken können im Eintrittsfall sehr schnell zu schwerwiegenden wirtschaftlichen Risiken werden, wie dies das folgende Beispiel zeigt. Im Juni 1999 hatte eBay einen Software-Fehler in seiner Auktionssoftware entdeckt. Die Website wurde zur Korrektur kurz inaktiviert. Allerdings gestaltete sich die Korrektur als nicht ganz einfach, sodass am Ende die Server 22 Stunden inaktiv blieben, bis die Korrektur endlich funktionierte. Daraufhin ging der Umsatz um mehrere Millionen US$ zurück. Die Investoren wurden durch diesen Umsatzrückgang unsicher, war man doch in den sehr schnellen Zeiten des Internet-Hype.

	Operative Risiken	Strategische Risiken	Technische Risiken	Wirtschaftliche Risiken	Industrielle Risiken	Implementie-rungs-Risiken
Erkennen	Metriken, Kosten-analyse	Benchmarking, Profitbewer-tung	Performance-kennzahlen, Schnittstellen	Garantiekosten, Qualitätsbe-wertung	Prozess-Assessment	Prozessbewer-tung, Qualitäts-Checks
Strategie	Projekt-planung	Neue Projekte, neue Techno-logie	Training, neue Techno-logie	Inkremente, die sich am Gewinn orientieren	Prozess-Reenginee-ring	Anforderungs-analyse, Training
Bewerten	Verantwor-tungen, Fähigkeiten	Kosten vs. Gewinn, Ein-flussfaktoren	Einfluss von Technologie-änderungen	Kosteneinflüsse, Konkurrenz-umfeld	Inkrement-Abschätzung, Prototypen	Validierungs-strategie, Aus-bildungsgrad
Abschwächen	Zusatzauf-wand, weitere Anbieter	Subkontrak-toren, Consultants	Bewährte Technologie	Anforderungen verstehen, Kun-den beteiligen	Standardpro-zesse	Validierungs-werkzeuge
Kontrollieren	Standard-kennzahlen	Vergleich mit früheren Projekten	Performance-Metriken	Profit-Loss-Analyse	Fehler- und Qualitätsme-triken	Gruppenarbeit, offene Kommu-nikation

Abb. 6.2   Anwendung von Risikomanagement

Die Marktkapitalisierung ging daher sofort um knapp sechs Milliarden US$ zurück. Für viele andere Internet-Unternehmen wäre dies das Ende gewesen. eBay konnte damals aufgrund des bereits erworbenen Vertrauens seiner Kunden und der involvierten Finanzanalysten überleben.

Die Risikostrategie erlaubt es, für solche Risiken konkrete Einzelmaßnahmen oder komplette Vorgehensweisen (Notfallplan) vorzugeben, um sicher zu stellen, dass sie im Tagesgeschäft auch in Paniksituationen wirkungsvoll umgesetzt werden.

Abbildung 6.2 zeigt exemplarisch für verschiedene Risikoarten, wie eine Risikostrategie die einzelnen Prozessschritte beeinflusst. Sechs Risikoarten werden betrachtet. So können wirtschaftliche Risiken bereits durch die regelmäßige Überwachung verschiedener Kennzahlen identifiziert werden, beispielsweise durch sich erhöhende Fehlerkosten. Sie werden anhand von Wettbewerbsdaten bewertet, um auch klare Anhaltspunkte zu haben, ab wann ein wirtschaftliches Risiko droht. Sie können durch eine verbesserte Anforderungsanalyse oder die Mitarbeit von Kunden im Projekt abgeschwächt werden. Der Erfolg dieser Maßnahmen kann durch eine regelmäßige Gewinnanalyse in ihrer Wirksamkeit verfolgt werden.

6.2   Organisation und Verantwortungen

Effektives Risikomanagement erzwingt eine enge Verzahnung von Projektaufgaben mit den Unternehmenszielen und dem Gesamtgeschäft. Um bei **Multiprojektmanagement** den Überblick zu bewahren, wird sowohl ein individuelles Projekt-Controlling als auch eine zusammenhängendes **Portfoliomanagement** eingesetzt. Das Projekt- und Produktportfolio ist Teil des Gesamtportfolios und wird den exakt gleichen Regeln unterworfen. Portfoliomanagement heiß, dass Kosten und Nutzen, Risiken und Chancen von Investitionen gemeinsam betrachtet werden, um eine kohärente Strategie konsequent umzusetzen. Damit lassen sich auch Abstimmungen zwischen voneinander abhängigen Projekten besser durchführen und kommunizieren.

Unternehmen haben heute eine Matrixorganisation bestehend aus Linie und Projekten. Diese Organisationsform ist dynamisch und wird dem jeweiligen Nutzen und Bedarf angepasst. Entscheidungen und Eskalationsmechanismen sind durch feste Rollen und Verantwortungen definiert. Der CIO (für die IT) und der Entwicklungsleiter (für die Produktentwicklung) kontrollieren die softwarespezifischen Risiken. Vorstand und Bereichsleiter entscheiden auf der Basis transparenter Kriterien darüber, welche Projekte und Produkte gestartet werden und welche eingestellt werden.

Abbildung 6.3 zeigt eine typische **Organisation des Risikomanagement**. Dabei werden zwei Ebenen unterschieden, die sich beliebig skalieren lassen. Auf der oberen Ebene (die hier mit dem Unternehmen assoziiert wird) werden unternehmensweite Risiken betrachtet und für das gesamte Portfolio optimiert. Der Vorstand gibt die Risikostrategie vor. Das Portfolioboard oder ein dedizierter Risikomanager kommunizieren Checklisten und Erfahrungen und balanciert die Risiken gegen die Unternehmensziele. Beispielsweise wird dort entschieden, wie weit sich ein Bereich an neue Themen wagen darf und wie viel Mittel dazu zur Verfügung stehen. Der Risikomanager tritt nach außen in Erscheinung, wie es der Gesetzgeber verlangt. Er berät die Unternehmensleitung in strategischen Fragen, wie die Akquisition von Unternehmen oder die Reorganisation und Neupositionierung von Produkten und Verantwortungen. Wichtig sind die völlige Unabhängigkeit des Risikomanagers und seine absolute Weisungshoheit, wenn es um strategische Risiken und deren Abschwächung geht.

Operativ hat jeder Unternehmensbereich mit Ergebnisverantwortung die Verpflichtung für das Risikomanagement innerhalb seines Portfolios. **Für das Risikomanagement und ganz besonders für die Risikoabschwächung ist der jeweils oberste operative Manager der jeweiligen Organisation verantwortlich.** Was hier ganz abstrakt klingt, lässt sich für IT- und Entwicklungsprojekte wie folgt übersetzen: Im Projekt ist der Projektmanager für das Risikomanagement verantwortlich. Er sollte nicht auf seine Mannschaft warten, dies zu machen und auch nicht auf sein eigenes Management. Er hat operativ die Verantwortung und muss Risiken tragen.

Bei mehreren Partnern im Projekt oder Konsortium müssen Risiken zum Vertragsbestandteil werden. Das Prinzip ist einfach. Wer im Eintrittsfall für ein Problem haften müsste, muss das jeweilige Risiko kontrollieren. Wenn beispielsweise in einem Unterauftrag Haftungen verschoben werden, hat sich auch das Risiko verschoben. Jede Partei muss ihr eigenes Risikomanagement machen. Dies gilt offensichtlich für Lieferantenbeziehungen. Sobald es einen Vertrag gibt, gibt es mehrere Vertragspartner. Nicht alle Risiken sind automatisch jene des Auftragnehmers! Einige Risiken sind verteilt. Ohne ein formalisiertes Risikomanagement werden Risiken oft stillschweigend transferiert. Jeder erwartet – oft sogar unbewusst – von der jeweils anderen Partei, dass sie die Risiken trägt.

Der Projektmanager ist für das Risikomanagement im Projekt verantwortlich. Aufgrund der verschiedenen Funktionen im Projekt sollte er das Risikomanagement gemeinsam mit seinem Kernteam umsetzen. Dazu gehören typischerweise vier Rollen (Abb. 6.4), nämlich der der Projektmanager (d. h. Fokus auf Projektziele), der Produktmanager als Vertreter der Interessen des Unternehmens (d. h. Fokus auf langfristigen Bestand des Unternehmens sowie Gewinnmaximierung), der Marketingmanager (d. h. Fokus auf Kunden und Umsatz) und der Servicemanager (d. h. Fokus auf den späteren Betrieb, die Wartung und die Aftersales-Prozesse). Geleitet wird dieses Kernteam vom Projektmanager bei isolierten Projekten und vom Produktmanager bei Produkten mit längerem Lebenszyklus. Das Kernteam arbeitet eng mit dem Steuerkreis im Projekt

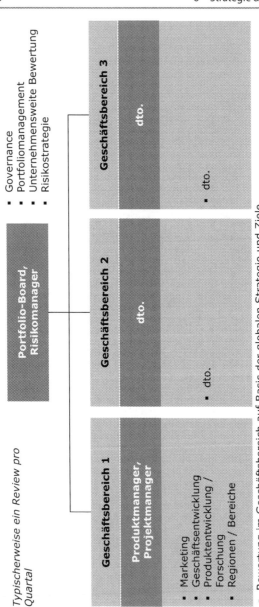

Abb. 6.3 Organisation von Risikomanagement im Unternehmen

Abb. 6.4 Das Kernteam
stimmt das Risikomanage-
ment gemeinsam ab

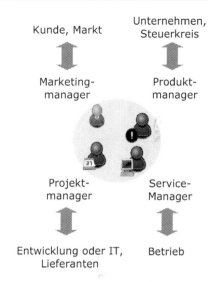

Kunde, Markt

Unternehmen,
Steuerkreis

Marketing-
manager

Produkt-
manager

Projekt-
manager

Service-
Manager

Entwicklung oder IT,
Lieferanten

Betrieb

zusammen, wo dann ja auch die regelmäßigen externen Projekt-Reviews
stattfinden.

Ein häufiges Problem in Projekten ist, dass der **Projektmanager** – oft
aus Unkenntnis oder Naivität – fast alle Risiken trägt, selbst jene außerhalb seiner Projektverantwortung. Beispielsweise sind Anforderungen
vor Projektbeginn unsicher. Zu diesem Zeitpunkt allerdings ist dies das
Risiko des Produktmanagers (oder der Fachabteilungen, die das Projekt
beauftragen). Macht nun der Projektmanager einen Plan und akzeptiert
die Anforderungen wie sie beschrieben sind, schaufelt er sich sein eigenes Grab, denn er übernimmt ohne Zwang das Risiko dieser anderen
Parteien. Er sollte stattdessen darauf bestehen, die Anforderungen mit
einer Änderungswahrscheinlichkeit und sortiert nach Bedeutung schriftlich fixiert zu erhalten, sodass er innerhalb seiner eigenen Verantwortung
so arbeiten kann, dass die wichtigsten Anforderungen pünktlich geliefert
werden, selbst wenn sich einige davon noch geändert haben. Das Gleiche
gilt für den **Produktmanager**, der eine Roadmap aus unsicheren Anforderungen und Release-Inhalten entwickeln muss. Auch er muss darauf
bestehen, dass der Vertrieb den Nutzen und die Abhängigkeiten von An-

forderungen aus Kundensicht schriftlich beschreibt, sodass die Risiken entsprechend der Verantwortungen aufgeteilt werden.

> Risikomanagement kann nicht delegiert werden. Es ist die originäre Aufgabe des Vorstands, der aus Sicht des Gesetzgebers nach außen verantwortlich und haftbar ist. Ein Programmbüro oder eine ähnliche Stabsfunktion trägt nicht die Verantwortung für die Produkte, Projekte und deren Governance.

Die beste **Organisationsform** für unabhängige und parallel laufende Projekte ist die Projektorganisation. Für korrelierte Projekte (z. B. Produktlinien, Produktfamilien, Multiprojekte), die auf gleiche Ressourcen zugreifen oder sich hinsichtlich der Inhalte überschneiden, ist die Matrixorganisation am besten. Eine reine Linienorganisation ist eher ungeeignet. Man findet sie vereinzelt in kleinen Unternehmen mit einem gewachsenen starken Kern der Gründer. Allerdings ist eine solche Organisationsform nicht skalierbar und aufgrund der unklaren Verantwortungen für komplexe Projektsituationen ungeeignet. Abbildung 6.5 bewertet diese drei elementaren Organisationsformen aus Sicht des Risikomanagement.

In Unternehmen mit Produkten, die längeren Zeit gepflegt werden, ist der Produktmanager für das Risikomanagement aus Geschäftssicht verantwortlich. Er ist wirtschaftlich verantwortlich und schaut daher auf das Portfolio von Projekten und Märkten, die sein Produkt adressiert.

> Entscheidungen zur Risikobewertung und -abschwächung sollten immer auf der jeweils untersten organisatorischen Ebene getroffen werden, welche die zugehörige Ergebnis- und Ressourcenverantwortung hat.

Organisation	Linie	Matrix	Projekte
Einfluss des Projektmanagers	Nicht existent bis gering	Niedrig bis mittel	Hoch bis ausschließlich
Vollzeitmitarbeiter im Projekt	Praktisch niemand	20 bis 60%	80 bis 100%
Rolle des Projektmanagers	Teilzeit	Vollzeit	Vollzeit
Rollenbezeichung	Projektleiter, Projektkoordinator	Projektmanager	Projektmanager
Funktionen	Sammelt Informationen, berichtet	Entscheidet oder eskaliert	Entscheidet
Projekterfolg	Zufällig (nur für kleine Projekte geeignet)	Gut (vor allem auch bei Produkten und Services)	Gut (wenn die Projekte unabhängig sind)
Agilität	Schwerfällig	Flexibel	Leicht, aber ohne Nachhaltigkeit
Risiken	Viele Störungen, unklare Verantwortungen	Schnittstellen-Komplexität, unklare Verantwortungen	Kein Interesse über das Projekt hinaus; keine Skalierbarkeit

Abb. 6.5 Die Organisationsform beeinflusst das Risikomanagement

6.3 Interne und externe Kommunikation von Risiken

Risiken sollten offen kommuniziert werden. Dies hat den Vorteil, dass alle Projektmitarbeiter die Aufgaben zur Abschwächung kennen und sich mit ihnen identifizieren können. Gerade in komplexen technischen Systemen, wie es die Softwareentwicklung darstellt, müssen unterschiedliche Kommunikationskanäle offen sein, um anonym auf Risiken hinweisen zu können (so genanntes „**Whistle Blowing**").

Oft gibt es Kundenabsprachen oder Mitteilungen, die Termine festschreiben, bevor das Projekt abgeschätzt und geplant wurde, und die Risiken verstanden sind. In einer solchen Situation helfen bestimmte Verhaltensmuster für die Mitarbeiter, anhand derer sie auf solche Managementdefizite hinweisen können, ohne ihre eigene Position zu gefährden.

Probleme resultieren häufig aus einer falsch verstandenen Informationspolitik. Mitarbeiter befürchten, dass sie aufgrund eines erkannten Risikos bereits als Schwarzseher und Blockierer betrachtet werden. Also halten sie sich – zum Schaden des eigenen Unternehmens – zurück. Projektmanager und mittleres Management fördern diese Zurückhaltung, indem sie postulieren, dass im Softwaregeschäft alles geht, wenn man es nur versucht. Was sie nicht beachten ist, dass diese Kultur des Ignorierens und sich Verleugnens dazu führt, dass Risiken zwar als nicht möglich postuliert werden, was aber nichts an ihrer Möglichkeit ändert, sondern nur deren rechtzeitige Abschwächung verhindert.

Bestimmte Industrien sind verwundbarer, was Ignoranz und fehlende interne Kommunikation anbelangt. Ein Beispiel stammt vom ersten Unglück des Space Shuttle 1986 (Quelle: Challenger Report). Es ging damals um die Frage, ob das Shuttle starten soll, obwohl die Ingenieure wussten, dass die Dichtungsringe der Antriebsrakete kälteempfindlich waren. Es gab etliche „Whistle Blowers", die genau wussten, dass der Start zu einem Horrorszenario werden würde, wenn eine Undichtigkeit in der Startphase auftritt. Andererseits waren die Tantiemen der beteiligten Unternehmen an die Starthäufigkeit gekoppelt, und eine Verschiebung im Winter hätte einen mehrwöchigen Ausfall mit sich gebracht. Was also tun? Intern wurde das Thema mit einem Chart kommuniziert, wie es in Abb. 6.6 oben dargestellt ist. Man erkennt keine Abhängigkeit zwischen Außentemperatur und Versagensrate der Dichtungsringe. Allerdings zeigte diese Kurve nur diejenigen Messpunkte, bei denen ein Dichtungsring versagte und nicht die Gesamtheit aller Starts bis zu diesem Tag, wie es die untere Kurve tut. Hätte man die untere Kurve genauer betrachtet, wäre es evident gewesen, dass tiefere Temperaturen die Ausfallhäufigkeit erhöhten. Zudem war bis zum diesem kalten Januartag die Starttemperatur niemals unter 50 Grad Fahrenheit gelegen, während sie am Unglückstag bei 32 Grad Fahrenheit lag – tiefer als jemals zuvor. Und so wurde die Ignoranz eines Risikos, das nicht eintreten durfte, der Auslöser für die bis dahin schlimmste Weltraumkatastrophe.

Häufig sind Projektmanager unsicher, welche Risiken sie Ihren Kunden kommunizieren sollen und wie sie das am besten tun sollten.

Hardliner verschweigen Risiken und argumentieren, dass der Kunde andere Sorgen hat. Sie wollen zuerst einmal ins Geschäft kommen, um danach zu sehen, wie sie auftretende Probleme anpacken können. Nachdem das Projekt einige Zeit läuft, kommen die schlechten Nachrichten tröpfchenweise zum Vorschein. Verzögerungen und Probleme werden kommuniziert, wenn sie bereits eingetreten sind. Das Projekt endet mit Verärgerung auf beiden Seiten. Die Konsequenzen gehen in der Regel weit über das schlecht gemanagte Projekt hinaus. Die Kunden erinnern

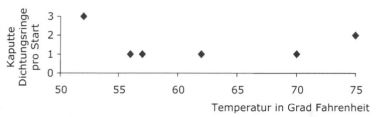

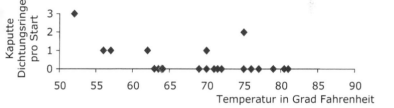

Abb. 6.6 Space Shuttle zum Anfassen

sich an solches Fehlverhalten. Sie werden den entsprechenden Lieferanten künftig sehr kritisch beobachten.

Besser ist es, so offen wie möglich zu kommunizieren und zu versuchen, Risiken auch mit dem Kunden gemeinsam abzuschwächen. Grundsätzlich sind Ihre Kunden normalerweise an Ihrem Projekterfolg interessiert. Sie verbinden eigene geschäftliche Erwartungen mit dem Erfolg des Projekts. Es muss rechtzeitig fertig werden, damit das Geschäftsmodell Ihres Kunden Erfolg trägt. Klarerweise wollen sie das Risiko nicht für Sie übernehmen; schließlich werden Sie dafür bezahlt. Aber sie sind offen für professionelles Feedback und solides Projektmanagement.

Ein Alternativ-Szenario zum obigen Projektmanager, der nur nachdem das Risiko zum Problem wurde, die entstehenden Schwierigkeiten und Versäumnisse kommuniziert, ist der Projektmanager, der alle relevanten Risiken identifiziert und bewertet. Er kommuniziert dem Kunden, dass es Risiken gibt, erklärt ihren Einfluss auf den Termin oder die Kosten, und erläutert, wie sie im Projekt abgeschwächt werden. Er zeigt den Kunden, wie sie selbst zum Projekterfolg beitragen können (Kooperation, rechtzeitige Planung, Abstimmungsgespräche) und wie sie durch falsches Verhalten den Erfolg in Frage stellen. Er gibt dem Kunden Sicherheit, dass zu jedem Zeitpunkt volle Transparenz besteht. Er erläutert, dass die Risiken nicht einmalig sind, und in früheren Projekten auch erfolgreich behandelt wurden. Der Kunde sieht, dass er ernst genommen wird, und dass der Lieferant seinen Teil des Risikos trägt (z. B. geplanter Gewinn reduziert sich durch Abschwächungsmaßnahmen). Ein anhaltendes Vertrauensverhältnis wird durch solch offene Kommunikation aufgebaut.

Unsere Beratungspraxis zeigt, dass der weitaus größte Teil der Kunden, Ihrer Kunden also auch, lieber frühzeitig informiert ist und Teil der Lösung ist, als nachher kurzfristig nach Alternativen zu suchen. Klar ist, dass sie die gleichen Fehler nicht wiederholen dürfen.

6.4 Gesetzliche Vorgaben: Governance, Vertragsrecht, Produkthaftung

Risikomanagement ist für Unternehmen und Organisationen im Allgemeinen heute überlebensnotwendig. Für die meisten Unternehmen im Software- und IT-Bereich sind das drei Pfeiler, nämlich Governance, Vertragsrecht und die Produkthaftung. Sie sind Teil des unternehmerischen Risikomanagements (so genanntes Enterprise Risk Management). Mediale Betrachtung erfuhren Skandale in der Buchhaltung und Bewertung von unternehmerischen Risiken, die viele Unternehmen in den Ruin trieben und damit gewaltige Mengen an Aktienkapital vernichteten. Neben eindeutig kriminellen Machenschaften waren es in der Regel „handwerkliche Fehler".

Oft sind solche Überraschungen darauf zurückzuführen, dass die ersten Indikatoren eines Problems durch zu viele andere – und dringendere Informationen und Aufgaben – überlagert werden. Zudem gaukeln gebräuchliche Frühwarnsysteme dem Manager eine prinzipielle Voraussagbarkeit vor und vermitteln ihm damit ein trügerisches Gefühl der Sicherheit. Auch fehlt es im Tagesgeschäft an Zeit und Ressourcen, um einerseits die interne Überwachung durch organisatorische Maßnahmen zu intensivieren und andererseits das Risikobewusstsein der Mitarbeiter permanent fortzuentwickeln. Nicht nur der Anstieg von Insolvenzen, sondern auch die gravierenden Schwierigkeiten vieler Großunternehmen wie beispielsweise Klöckner oder Metallgesellschaft machten den Gesetzgeber auf das unzulängliche Risikomanagement in Unternehmen aufmerksam.

Aus unternehmerischer Sicht am wichtigsten ist das gesetzlich geforderte Risikomanagement im Bereich der „Corporate Governance". In Deutschland wurde am 01. Mai 1998 das **Gesetz zur Kontrolle und Transparenz im Unternehmensbereich** (KonTraG) verabschiedet. Das KonTraG verankert im Aktiengesetz verbindlich Risikomanagement und Überwachung in Aktiengesellschaften. Es sieht vor, dass „der Vorstand geeignete Maßnahmen zu treffen, insbesondere ein Überwachungssystem einzurichten hat, damit den Fortbestand der Gesellschaft gefährdenden Entwicklungen früh erkannt werden." (§ 91 Abs. 2 AktG). Risiken in diesem Zusammenhang sind sowohl Schadensrisiken (also auch IT- und Projektrisiken, wie sie in diesem Buch betrachtet werden) als auch Spekulationsrisiken (also Risiken des unternehmerischen Handelns). Das Risikomanagement muss auf das jeweilige Unternehmen zugeschnitten sein und über dokumentierte Prinzipien (Grundsätze und Richtlinien zu deren Umsetzung), eine dedizierte Organisation zum Risikomanagement, einen Prozess zum Risikomanagement sowie ein Frühwarnsystem zum rechtzeitigen Aufzeigen von relevanten Risiken verfügen. Betroffen vom KonTraG sind auch Gesellschaften, die keine Aktiengesellschaften sind, aber zwei der Kriterien Bilanzsumme > 3.44 Mio. Euro, Umsatz > 6,87 Mio. Euro und Mitarbeiterzahl > 50 erfüllen.

Solche nun gesetzlich verordneten Sicherungsinstrumente werden von den guten Unternehmen schon lange eingesetzt. Es entstand aber erstmals ein Benchmark, der den Stand der Technik des Risikomanagement normiert und an dem die vorhandenen Prozesse des Risikomanagement gemessen werden können. Für Unternehmen ergibt sich daraus der Anspruch, die sie betreffenden Standards zu erreichen. Durch die finanziellen Verflechtungen zwischen den einzelnen Wirtschaftssektoren werden alle gleichermaßen mit den neuen Regelungen konfrontiert.

Um Sie als Auftraggeber (oder Käufer) vor unseriösen Angeboten oder unzureichender Qualität zu schützen, greift das **Vertragsrecht**. Um uns als Benutzer zu schützen, greift die **Produkthaftung**. In beiden Fällen geht es aus Anbietersicht darum, Aufwand und Risiken sorgfältig auszubalancieren, um langfristig erfolgreich im Geschäft zu bleiben. Software ist eine Ware, die „fit for purpose" zu sein hat. Wir wollen kurz betrachten, was das aus gesetzlicher Sicht heißt.

Bei Software- und IT-Projekten spielen verschiedene rechtliche Fragestellungen eine Rolle, die wir im Folgenden kurz beleuchten werden. Da dies kein rechtlicher Ratgeber sein kann, beschränken wir uns auf einige grundlegende Punkte und benennen nur die entsprechenden Paragraphen im BGB, wo Sie selbst lesen und weiterführende Studien treiben sollten. Es gibt hierfür auch weiterführende Literatur, auf die wir im Literaturverzeichnis verweisen (z. B. Bartsch, Zahrnt, Schröder). Aus Platzgründen kann dieses Kapitel die rechtliche Situation nur aus rein deutscher Sicht betrachten. Dies genügt in der Regel auch völlig, wenn Sie als Gerichtsstand Deutschland und als Basis das deutsche Recht vertraglich explizit festlegen. Lassen Sie sich nicht auf ausländische **Gerichtsstände** ein. Wählen bei verschiedenen Meinungen der Vertragspartner die Schweiz als Gerichtsstand.

(1) Vertragstypische Fragen. Verträge für Softwareprodukte werden in der Regel als Sachkauf oder als Werkvertrag betrachtet. Sie können aber auch Teil einer umfassenderen Dienstleistung sein. Aus diesen Verträgen folgen – unterschiedliche, spezifische – vertragstypische Pflichten. Software wird in der Regel als Sache verkauft oder im Rahmen eines Werkvertrags erstellt. Beim IT-Outsourcing und Zukauf von Software kann auch noch die Form des Dienstvertrags gewählt werden, beispielsweise wenn die gelieferte Sache ein SLA ist. Aus diesen Verträgen resultieren vertragstypische Pflichten, die der Lieferant einzuhalten hat. Bei einem **Kaufvertrag** werden diese Pflichten durch § 433 des BGB beschrieben. Es geht primär darum, dass der Verkäufer sicherstellen muss, dass der Käufer das Eigentum an der Software erwirbt und dass diese frei von Sach- und Rechtsmängeln übergeben wird. Der Verkäufer erhält dafür den vereinbarten Kaufpreis. Im **Werkvertrag** beschreibt § 631 des BGB die Pflichten, die aus dem Vertrag resultieren. Beim **Dienstvertrag** gilt entsprechend der § 611 des BGB. Vereinfacht lässt sich sagen, dass bei einem Kauf- oder Werkvertrag der Lieferant einen bestimmten Erfolg schuldet, beim Dienstvertrag jedoch nur seine Arbeitsleistung oder sein „Bemühen" als solche. Ist aber das Bemühen des Anbieters für den erstrebten Erfolg nicht ausreichend, hat der Auftraggeber grundsätzlich das Nachsehen. Dienstverträge sind Arbeitsverträge und als solche aus Sicht des Auftraggebers sehr viel stärker eingeschränkt, als dies bei einem Werk- oder Kaufvertrag der Fall ist.

Machen Sie sich klar, welche Dienstleistung Sie beschaffen und was Sie zum Gegenstand des Vertrags machen. Der Vertragsgegenstand beeinflusst beispielsweise, welche Rechte Sie an der Software erhalten. Versichern Sie unabhängig vom Vertragstyp, dass die Urheberrechte an allen Dokumenten vollständig an Sie übergehen.

(2) Sachmängel. Bei der Vertragsausführung kann es zu Sachmängeln kommen. Die vertragstypischen Pflichten im Kaufvertrag (z. B. fertiges Softwareprodukt) in Bezug auf Sachmängel sind in § 434 BGB (in ähnlicher Form in § 633 BGB für Werkverträge) beschrieben. Bei einem Kauf- oder Werkvertrag hat der Auftraggeber bis zur Abnahme das Recht, ein mangelhaftes Werk zurückzuweisen und sogar dessen völlige Neuerstellung zu fordern. Nach Abnahme kann er umfangreiche Gewährleistungsansprüche geltend machen, also beispielsweise das Entgelt mindern, Nacherfüllung fordern oder Schadensersatz verlangen. Bei einem Dienstvertrag dagegen haftet der Dienstleister nur unter sehr engen Voraussetzungen. Er muss dazu in jedem Fall den entstandenen Schaden verschuldet, ihn also fahrlässig oder vorsätzlich herbeigeführt haben. Der Auftraggeber kann beim Dienstvertrag vom Lieferanten keine kostenlose Nacherfüllung verlangen oder bei einer mangelhaften Leistung vom Vertrag zurücktreten, um so sein Geld zurückzubekommen. Spezifizieren Sie im SLA (das als Vertragsbestandteil charakterisiert sein sollte) daher die zu erwartende Qualität der Dienstleistung präzise und beim Dienstleistungsvertrag auf eine Weise, die bestimmte (z. B. qualitätssichernde) Tätigkeiten explizit verlangt.

Wird ein Software- oder IT-System entwickelt und bleiben dabei zu viele Fehler bestehen, sodass das Produkt nicht in Einklang mit den Anforderungen steht, dann liegt eine Verletzung von § 434 oder § 633 BGB vor. Es handelt sich um einen Sachmangel. Fehlerfreiheit zu verlangen ist nach der gängigen Rechtsprechung unsinnig, da davon ausgegangen werden muss, dass nach dem Stand der Technik Software eine gewisse Anzahl Fehler enthält. Spezifizieren Sie als Lieferant operative Testverhalten sowie Freigabekriterien, um eine Chance zu haben, zuverlässige Software zu liefern. Vereinbaren Sie als Kunde nicht nur Korrekturzeiten für aufgetretene Fehler, sondern immer auch Ausfallstrafen, denn Sie – und damit Ihre Kunden – könnten empfindliche Verzögerungen erleiden, wenn die Software mehrmals korrigiert werden muss. Wenn Sie als Berater eine IT-Lösung konzipieren und dabei das System viel zu groß dimensionieren, sodass es mehr kostet, als eigentlich bei den gegebenen Anforderungen des Kunden zu erwarten wäre, dann liegt ein Beratungsmangel vor. Es ist die Aufgabe des Lieferanten, den Kunden zu informieren, wenn Anforderungen vorliegen, die in ihrer Gesamtheit nicht erfüllbar sind.

(3) Rechtsmängel. Das Produkt kann Rechtsmängel aufweisen, selbst wenn diese dem Verursacher gar nicht bewusst sind (z. B. Verletzung von Urheberrechten oder Patenten). Der Begriff des Rechtsmangels wird in Kaufverträgen durch § 435 BGB und in Werkverträgen durch § 633 BGB beschrieben. Einmal mehr bietet der Dienstvertrag hier keinen expliziten Schutz, da nicht das fertige Produkt im Zentrum des Vertrags steht, sondern der Mitarbeiter, dessen Dienste man sich erkauft. Kritisch bei Softwareprodukten sind vor allem urheberrechtliche Fragen, die zu späteren rechtlichen Schwierigkeiten führen können. Dies ist der Fall, wenn Teile des Quellcodes abgeschrieben wurden oder wenn fremde Patente unwissentlich benutzt wurden. Der Käufer übernimmt zunächst das Rechtsrisiko und sollte zur eigenen Sicherheit bereits paraphieren, dass sein Lieferant diese Verpflichtungen auch nach Abschluss der Arbeiten übernimmt. Gerade bei externer Software sind heute Urheberrechte in allen Details zu klären, um nachher nicht zu kostspieligen und rufschädigenden Austauschaktionen gezwungen zu sein. Setzen Sie keine „freie" Software ein, deren Urheberrechte und Lizenzvereinbarungen Sie nicht verstanden und akzeptiert haben. Beachten Sie, dass nach hiesiger Rechtsprechung bereits die Verwendung von frei zugänglicher Open Source Software eine Lizenzvereinbarung bedeutet. Es bedarf dazu keines Vertrags mit irgendeinem Lieferanten. Klären Sie die Nutzung von Open-Source-Software (OSS) verbindlich (intern und extern) wenn urheberrechtliche Fragen nicht eindeutig beantwortet sind.

(4) Folgen von Mängeln. Aus Mängeln resultieren Folgen, beispielsweise im Schadensersatz. Die Rechte des Käufers bei Mängeln sind für Kaufverträge in § 437 BGB und für Werkverträge in § 634 BGB beschrieben. Prinzipiell kann der Kunde vom Lieferanten bei Sach- oder Werkmängeln (nicht aber beim Dienstvertrag, solange der Schaden nicht vorsätzlich herbeigeführt wurde) eine Nacherfüllung verlangen, den Mangel selbst beseitigen und Ersatz für Ihre eigenen Aufwendungen verlangen, vom Vertrag zurücktreten oder die Vergütung mindern. In allen Fällen kann der Kunde einen angemessenen Schadensersatz verlangen.

Die Haftung nach Schadenseintritt ist in der **Produkthaftung** (Prod-HaftG) und in der **Produzentenhaftung** (BGB § 823 I, BGB § 433) festgelegt. Ein Produkt, das in den Verkehr gebracht wird, muss diejenige Sicherheit bieten, die die Allgemeinheit berechtigterweise erwarten kann. Voraussetzung der Produkthaftung ist gemäß § 1 Abs. 1 S. 1 Prod-HaftG, dass ein Fehler der schadensursächlichen Sache vorlag. Ein Fehler liegt dann vor, wenn ein Produkt nicht die erforderliche Sicherheit bietet. Bei der Bewertung des erforderlichen Maßes an Sicherheit müssen besonders die Darbietung des Produkts, der zu erwartende Gebrauch und der Zeitpunkt des Inverkehrbringens beachtet werden. Der Fehler muss zum Zeitpunkt des Inverkehrbringens schon vorgelegen haben und darf nicht später durch übliche Abnutzung oder Einwirkung entstanden sein. Genau das trifft aber auf Software zu. Der Hersteller muss daher seinen Betrieb so einrichten, dass Konstruktions-, Fabrikations- und In-struktionsfehler ausgeschaltet oder durch Kontrollen entdeckt werden. Dabei wurde die Beweislast inzwischen zugunsten der Verbraucher umgekehrt. Der Hersteller muss also beweisen, dass er für einen Fehler nicht einzustehen hat. Die Haftung des Herstellers ist ausgeschlossen, wenn der Fehler nach dem Stand der Technik zu dem Zeitpunkt, in dem der Hersteller das Produkt in den Verkehr brachte, nicht erkannt werden konnte. Bei der Geltendmachung von Ansprüchen auf Grundlage des ProdHaftG können nur zivilrechtliche Ansprüche geltend gemacht werden, also Schadensersatz neben der Leistung, jedoch keine strafrechtlichen.

Die **Schadensersatzpflicht** ist durch § 823 BGB und § 249 BGB geregelt. Die Verantwortlichkeit des Schuldners ist in § 276 BGB beschrieben. Der Schadensersatz selbst ist in §§ 280 und 281 BGB geregelt.

Während die Nachbesserung laut Gesetz innerhalb einer angemessenen Frist das Mittel der Wahl ist, kann der Kunde auch einen anderen Lieferanten wählen, wenn der Lieferant entsprechende Mahnungen ohne adäquate Lieferung hat verstreichen lassen. Wenn sich Ihr Lieferant innerhalb eines Werkvertrags beispielsweise durch ein Dumpingangebot einen Vertrag erschleicht, den er unter den gegebenen Umständen nicht einhalten kann, und Sie haben ihn auf Termineinhaltung hingewiesen (schriftlich, denn dies lässt sich leichter belegen), dann können Sie sich den Vertragsgegenstand von einem anderen Lieferanten zu dessen Bedingungen liefern lassen, wobei der Originallieferant die Differenz der Kosten aus eigener Tasche bezahlen muss.

Grundsätzlich sollten Sie bei der Vertragsgestaltung rechtlichen Beistand suchen, denn die Klippen sind mannigfaltig. Vernachlässigen Sie allerdings nach einem abgeschlossenen Vertrag niemals das eigene Risikomanagement – gerade bei Ihren Lieferanten. Schließlich kann sich eine vordergründig einwandfreie rechtliche Sicherheit bei einem kleinen Lieferanten schnell in Luft auflösen, denn er wird im Rechtsstreit Insolvenz anmelden. Oder aber Sie verlieren viel Geld und Zeit durch rechtliche Auseinandersetzungen. Sichern Sie sich daher auf verschiedene Weise ab.

> Jeder Unternehmer sollte seine Risiken kennen und sie transparent darlegen, um in einem Portfolio möglicher Entscheidungen den optimalen Weg zu gehen. Nur die nachvollziehbare systematische Behandlung von Risiken von der Analyse bis zur Abschwächung und deren Dokumentation hilft im Schadensfall darzulegen, dass die unternehmerischen Pflichten nicht vernachlässigt wurden.

Aktuell nehmen die gesetzlichen Vorgaben dramatisch zu, und für viele Unternehmen wird deren Einhaltung zunehmend teuer und stranguliert auch jegliche Innovation – mit dem Effekt, dass wir heute lieber in Asien forschen, entwickeln und produzieren, da hierzulande die Auflagen nicht mehr zu erfüllen sind. Gesetzliche Vorgaben versuchen Fehlentwicklungen durch bessere Steuerung zu reduzieren oder zu eliminieren. Dabei wird aber im politischen Raum leider häufig ein dogmatisches

Gutmenschtum propagiert, das unternehmerisches Denken durch Planwirtschaft ersetzen will. Mit den genannten Gesetzen wurden Unternehmen sicherlich für das Risikomanagement sensibilisiert. Aber viele argumentieren, dass der nun verlangte Zusatzaufwand so hoch ist, dass für andere Maßnahmen keine Ressourcen verbleiben. Ein hochrangiger Manager sagte dem Autor einmal, dass er es nicht einsieht, zusätzlich in Risikomanagement und Vorbeugung zu investieren, da er ja alle gesetzlichen Anforderungen erfüllt hat und dies auch durch die Wirtschaftsprüfer testiert wurde. Man reduziert oftmals das Risikomanagement auf den Finanzbereich, wohlwissend, dass die wirklichen Risiken für Aktionäre im Projektgeschäft lagen.

Risikomanagement kann zwar verordnet werden, führt aber erst dann auch zu Unternehmenserfolgen, wenn es auch verinnerlicht wird. Risikomanagement muss ganz einfach ein Teil der Unternehmens-DNA werden. Nur ein solcher Paradigmenwechsel hilft dabei, die gesetzlichen Anforderungen wieder zurückzuschrauben.

6.5 Stand der Technik

Bei der Bewertung von Risikomaßnahmen spielt der so genannte „Stand der Technik" eine große Rolle. Das Produkthaftungsgesetz beispielsweise verlangt den Nachweis, dass gemäß dem „Stand der Praxis gearbeitet wurde". Dies ist ein „bewegliches Ziel", das immer wieder verlangt, die eigene Softwareentwicklung prüfen zu lassen, und wo nötig dem Stand der Technik nachzuführen. Wir werden als unabhängige Berater oftmals in solchen Fragen um eine objektive Analyse und Bewertung der Vorgehensweisen und Prozesse sowie der Governance im Unternehmen gebeten. Viele große Unternehmen lassen ihre Lieferanten aus dem gleichen Grund regelmäßig unabhängig bewerten – und schreiben dann auch konkrete Verbesserungsmaßnahmen aufgrund der Befunde vor – da sie als Produzent immer zuerst und alleine am Pranger und in der Haftung stehen.

Standards und Normen beschreiben den Stand der Technik. Abbildung 6.7 zeigt diesen Zusammenhang. Der Stand der Technik ist bei Haftungsfragen wesentlich, beispielsweise wenn ein Produzent angeklagt ist,

Abb. 6.7 Stand der Technik

ein Produkt mit Sicherheitsmängeln in den Verkehr gebracht zu haben. Gleichermaßen wird natürlich im Vertragsrecht bei Lieferverzug sehr genau geprüft, ob beispielsweise die gängigen Standards der Softwareentwicklung und des Projektmanagements umgesetzt wurden. Ein Unternehmen, das dann nicht anhand von Projektdokumenten zeigen kann, was wann gemacht wurde, und wie die Mitarbeiter und Führungskräfte ausgebildet sind, wird sich in der Verteidigung schwer tun. Daher fordern große Unternehmen heute schon aus Governance-Gründen von ihren Lieferanten die Einhaltung von solchen Standards, beispielsweise CMMI, was dann auch unabhängig und regelmäßig auditiert werden muss. Wir wollen im Folgenden die für das Risikomanagement relevanten Standards und Normen kurz anschauen.

Was ist der Stand der Technik in IT und Softwareentwicklung ganz konkret? Risiken lassen sich leichter abschwächen oder treten erst gar nicht auf, wenn professionelle Prozesse und Techniken eingesetzt werden. Dazu zählen die folgenden Vorgehensweisen:

* das Projekt wird systematisch geplant und verfolgt;
* die Software wird inkrementell und wertorientiert entwickelt;
* Releases für wichtige Szenarien werden als aufeinander aufbauende Schritte geplant;
* Anforderungen und Änderungen werden rigoros kontrolliert;

- eine passende Architektur (modular, komponentenorientiert) bildet die Basis für die Entwicklungsarbeiten;
- die Software wird graphisch modelliert (Schnittstellen, Abhängigkeiten, etc.);
- die Software-Qualität wird frühzeitig mittels Reviews und Inspektionen verifiziert.

6.6   Standards und Normen

Standards sind Anweisungen, die Vereinbarungen zu Produkten, Prozessen oder Vorgehensweisen beschreiben, die auf nationaler oder internationaler Ebene von anerkannten Berufs-, Industrie- oder Standesverbänden und von Handels- oder Regierungsorganisationen vereinbart wurden. Häufig sind es auch nur „de facto" akzeptierte und von Praktikern oder der Gesellschaft ausgeführte Vorgehensweisen, welche die Zusammenarbeit erleichtern. Standards sind nützlich, denn sie erleichtern die internationale Zusammenarbeit und bieten Verlässlichkeit in Projekten und in der Nutzung von externen Komponenten für die Produktentwicklung.

Der wichtigste internationale Standard für alle Themen zu Risikomanagement ist **ISO 31000** (Risk Management – Principles and Guidelines). Er beschreibt den Stand der Technik in allen Fragen des Risikomanagement und ist daher vor allem bei Haftungsfragen von Interesse. Wie auch dieses Buch basiert der Standard auf einem zweiseitigen Risikobegriff, welcher neben den Gefahren auch Chancen umfasst. Ein Risiko ist die „Auswirkung von Unsicherheit auf Ziele". Der zugehörige ISO/IEC 31010 (Risk Management – Risk Assessment Techniques) beschreibt die Techniken und Methodik der Risikobewertung. Diese ISO-Standards sind die Basis für spezifische Standards, die wir im Folgenden beschreiben.

Eine formale Ausbildung und Zertifizierung zum Risikomanager kann dem Stand der Technik entsprechend gemäß ISO 31000 und beispielsweise ONR 49003 „Risikomanagement für Organisationen und Systeme – Anforderungen an die Qualifikation des Risikomanagers – Anwendung von ISO/DIN 31000 in der Praxis" erfolgen.

Das **Enterprise Risk Management** (ERM) setzt das Risikomanagement nach ISO 31000 im Unternehmen ganzheitlich um. Ziel des ERM ist es, erwünschte Risiken in einem von der Geschäftsführung in der Risikostrategie festgelegten Umfang einzugehen, und unerwünschte Risiken zu reduzieren, um so eine für das Unternehmen optimale Chancen-Risiken-Position einzunehmen. Es will ganz gezielt das Silo-Denken überwinden, beispielsweise zwischen finanziellen Risiken und Produktrisiken. Dazu legt das Unternehmen strategische Richtlinien fest, die darstellen, welche Risiken eingegangen werden, und wie damit grundsätzlich umgegangen wird. International wird das ERM stark von den Vorgaben der Ratingagenturen beeinflusst. Mit wachsender Bedeutung des ERM richten Unternehmen vermehrt die Position eines Chief Risk Officer ein.

Risikomanagement wird durch verschiedene Standards unterstützt – und auch eingefordert. Am umfassendsten ist das so genannte **COBIT Framework** (Control Objectives for Information and Related Technology, das seit 1996 von der ISACA, dem internationalen Berufsverband der IT-Revisoren entwickelt wurde. Es ist ein Rahmenwerk, da sehr viele bereits existierende Standards aus den Bereichen Qualitätsmanagement, Sicherheit und Controlling berücksichtigt und referenziert werden. Es ist heute das international anerkannte Framework zur IT-Governance und für das Enterprise Risk Management. COBIT gliedert die Aufgaben der IT in Prozesse und Control Objectives. Seine Stärke ist der Fokus auf das zielorientierte und bewertbare Zusammenspiel der verschiedenen Geschäftsbereiche (oder Funktionen) eines Unternehmens mit der IT-Landschaft.)

Risikomanagement in der Informations- und Kommunikationstechnik muss natürlich die **Informationssicherheit** berücksichtigen. In Deutschland ist das Regelwerk des BSI, die so genannten **IT-Grundschutz-Standards** am wichtigsten. Dieses Handbuch beschreibt die Schutzanforderungen an IT-Systeme und führt einen Katalog von Risiken und Schutzmaßnahmen an. Die internationale Norm **ISO 27001** (Information Technology – Security Techniques – Information Security Management Systems – Requirements) spezifiziert die Anforderungen an ein Informationssicherheits-Managementsystems unter Berücksichtigung der IT-Risiken innerhalb einer Organisation. Die Norm wurde auch als DIN-Norm veröffentlicht. Risikomanagement steht natürlich auch im Mittelpunkt der ISO 27001. Als Leitfaden zum Management von Informationssicherheit erlaubt ISO 27001 die formale Zertifizierung. Die ISO 27002 (bis 2007 war das die ISO 17799) gibt darunter liegende Empfehlungen für Kontrollmechanismen und zur Umsetzung von ISO 27001.

Die **Common Criteria** for Information Technology Security Evaluation (kurz auch Common Criteria oder CC) sind der internationaler Standard über die Kriterien der Bewertung und Zertifizierung der Sicherheit von Computersystemen im Hinblick auf Datensicherheit. Seit 1999 sind diese Common Criteria als ISO 15408 international verbindlich. Der Standard bietet somit eine Bibliothek von Bausteinen zur Definition und Evaluation von IT-Sicherheitsanforderungen und damit auch zur konkreten Umsetzung von ISO 27001.

Die **IT Infrastructure Library (ITIL)** ist eine Sammlung von Best Practices zur Umsetzung eines IT-Service-Managements. ITIL ist ein so genannter „De-facto-Standard" (da er nicht durch die ISO als internationaler Standard verabschiedet wurde) und befasst sich mit dem Management von IT-Dienstleistungen aus der Sicht des Lieferanten. Der Lieferant kann die interne IT-Abteilung sein oder ein externer Service-Provider. Übergreifendes Ziel ist die Verbesserung der Qualität von IT-Dienstleistungen und deren Kosteneffizienz. ITIL wird als Infrastruktur-Bibliothek bezeichnet, weil zur erfolgreichen Lieferung von IT-Dienstleistungen die zugrunde liegende IT-Infrastruktur (also Hardware, Software, Prozesse, Kommunikation, Dokumentation, etc.) geeignet zu managen ist. Der ITIL Ansatz ist durchgängig prozessbasiert und orientiert sich am Stand der Technik. Die Stärken von ITIL liegen eher im Infrastrukturmanagement, als im Prozess- und Projektmanagement. Daher ist ITIL als alleiniges Regelwerk für das IT-Risikomanagement ungeeignet.

Das **PMBOK (Project Management Body of Knowledge)** hat sich heute als De-facto-Standard für Projektmanagement etabliert. Es ist als Stand der Technik für das allgemeine Projektmanagement und die Ausbildung zum Projektmanager inzwischen weltweit verbindlich. Dieser generell einsetzbare Kanon der Techniken des Projektmanagement ist sehr umfassend und enthält ein dediziertes Kapitel zum Risikomanagement. Risikomanagement im PMBOK ähnelt der in diesem Buch beschriebenen Struktur sehr.

Die **PRINCE2** (Projects in Controlled Environments) Methodik hat sich in Europa neben dem PMBOK als informelle Sammlung bester

Praktiken etabliert. PRINCE2 stammt aus Großbritannien und bildet einen strukturierten Rahmen um das jeweilige Projekt und gibt den Mitgliedern des Projektmanagementteams anhand des Prozessmodells konkrete Handlungsempfehlungen für jede Projektphase. Eine Zertifizierung findet nicht statt. Die Methodik wird für jedes Unternehmen und teilweise sogar für jedes Projekt angepasst, um auf die speziellen Anforderungen eines Projekts hinsichtlich seiner Umgebung, des Umfangs, der Komplexität, der Wichtigkeit, der Leistungsfähigkeit und des Risikos eingehen zu können. Wie auch das PMBOK geht es nicht um starre Vorgaben, sondern um Praktiken, die Sie informiert anpassen müssen.

Die DIN-Normenreihe **DIN 69901** beschreibt Grundlagen, Prozesse, Prozessmodell, Methoden, Daten, Datenmodell und Begriffe im Projektmanagement. Struktur: DIN 69901-1 „Grundlagen", DIN 69901-2 „Prozesse, Prozessmodell", DIN 69901-3 „Methoden", DIN 69901-4 „Daten, Datenmodell", DIN 69901-5 „Begriffe". Aufgrund der Analogie zu PMBOK hat die DIN 69901 kaum praktische Relevanz, außer dass sie als nationaler Standard von den Vertragsparteien als gesetzt angenommen wird.

Darüber hinaus gibt es branchenspezifische Normen und Standards, die von Herstellern zu beachten sind. Das sind im Automobilbereich beispielsweise Normen zu funktionalen Sicherheit, wie **ISO 26262**, die aktuell massiv ausgerollt werden und mit dem Risikomanagement im Projekt verknüpft werden. Für andere Branchen ist es der **IEC 61508**, der die Anforderungen an das Risikomanagement aus der Sicht funktionaler Sicherheit beschreibt. Häufig ist das Risikomanagement so zentral in den regulatorischen Vorschriften verankert, dass Produktzulassungen von einer durchgängigen Umsetzung abhängen. Beispiel Medizinprodukte: Gelingt es einem Hersteller oder Inverkehrbringer nicht, für sein Produkt ein Risikomanagement nach **ISO 14971** nachzuweisen, erfüllt das Produkt auch nicht die anderen Normen. Unzureichendes Risikomanagement ist einer der häufigsten Gründe für Abweichungen in einem Audit. Viele Prozesse und Unterlagen, die wir zum Risikomanagement bei Kunden sehen, weisen gravierende Fehler auf. Damit haben die Hersteller verschiedene Probleme:

- Risikomanagement ist ineffizient, Risiken werden übersehen oder falsch bewertet;

- Der Aufwand für Analyse und Dokumentation der Risiken ist zu hoch, und der Prozess des Risikomanagements wird teurer als nötig;
- Projekte mit hohem Potential für Innovationen und Impulse für neue Märkte oder Kunden werden nicht oder zu spät angegangen, da man in der Komplexität des Bestehenden verhaftet ist.

Führen Sie einen Hausstandard für Ihre Vorgehensweisen, Rollen, Werkzeuge und Vorlagen ein. Legen Sie Checklisten bereit, die Ihre Form der Dokumentation, Ihre Methoden und Ihre Werkzeuge berücksichtigen. Erfinden Sie das Rad nicht in jedem Projekt neu! Zu oft werden Standards und Normen nicht verstanden, falsch interpretiert und sehr formal ausgelegt. Wirksamkeit hat aber nichts mit Formalismus oder Dogmatismus zu tun. Wo Methoden und Frameworks als Alibi für fehlende Kompetenz und als Ersatz für klare Entscheidungen und Führung gesehen werden, werden sie scheitern und nur zu Bürokratie führen. Um die Balance zu halten, sollten Sie daher externe Unterstützung nutzen wenn Sie diesen Hausstandard aufbauen.

6.7 CMMI und Risikomanagement

Das integrierte Capability Maturity Model (CMMI) ist seit mehr als zwei Dekaden ein weltweit genutzter Industriestandard für Entwicklungsprojekte, Services und Akquise. Das ergibt viele Benchmarks, beispielsweise welche Risiken am häufigsten zu Problem werden und Projekte gefährden. Heute wird es nicht nur in der IT, sondern auch im Flugzeug- oder Automobilbau breit eingesetzt. Es passt auch für Kleinstunternehmen und lässt sich mühelos in agilen Umgebungen schlank umsetzen. Das Risikomanagement ist ein zentraler Bestandteil des CMMI, da das Modell von der einfach nachvollziehbaren Logik angetrieben ist, dass systematisches Arbeiten Risiken besser handhabbar macht.

Die Autoren des CMMI erkannten, dass die Zusammenstellung von einzelnen besten Praktiken keine Lösung verspricht. Man muss den gesamten Lebenszyklus der Software von der Konzeption bis zur Lieferung betrachten, wenn man anhaltende Verbesserungen erreichen will. Die Elemente (so genannte Prozessbereiche) des CMMI sind daher einzeln umsetzbar, passen wie ein Puzzle zusammen und sind unabhängig von der Größe und Art des Unternehmens und von den Anwendungen, IT-Systemen, Produkten oder Lösungen, die entwickelt werden. Es ist kompatibel zum ISO 15504 (Standard for Information Technology – Software Process Assessment) für Assessment und Modelle der Prozessverbesserung, zum ISO 9001 (Standard for Quality Management Systems – Requirements), sowie zum ISO 12207 (Standard for Software Life Cycle Processes). Besonders nützlich ist das CMMI bei Veränderungsprojekten, da es keine theoretischen Vorgaben macht, sondern das Veränderungsmanagement in den Mittelpunkt stellt.

Das CMMI gliedert sich in fünf aufeinander aufbauende so genannte Reifegrade (Abb. 6.8). Mit höherer Prozessfähigkeit wird das Arbeiten einfacher, und die Vereinbarungen können besser eingehalten werden. Daher wird in vielen Branchen heute von Lieferanten die Nutzung des CMMI erwartet.

Risikomanagement spielt im CMMI eine große Rolle und taucht daher gleich mehrfach auf. Dabei geht es nicht nur um bestimmte Methoden oder gar Werkzeuge, sondern um gelebte Managementgrundsätze, beispielsweise dass Projektpläne risikoorientiert aufgestellt und verfolgt werden. Risiko- und Geschäftsorientierung statt Formalismus versichern, dass der Einsatz des CMMI nicht zu schwerfällig und uneffektiv wird.

Risikomanagement im CMMI bedeutet, potenzielle Probleme zu identifizieren bevor sie auftreten, um Maßnahmen der Risikobehandlung über die gesamte Lebensdauer des Produkts oder des Projekts bedarfsorientiert planen und durchführen zu können und dadurch negative Auswirkungen auf die Erreichung der Ziele zu mindern. Drei spezifische Ziele des Risikomanagement werden unterschieden:

- Bereite das Risikomanagement vor. Die Vorbereitung des Risikomanagement besteht darin, Risikoquellen und -kategorien festzulegen, Risikoparameter zur späteren Analyse und Steuerung des Risikomanagement zu definieren und die Risikostrategie zu erstellen und zu pflegen.
- Identifiziere und analysiere die Risiken. Risiken werden identifiziert und dokumentiert. Danach wird jedes einzelne Risiko mittels der de-

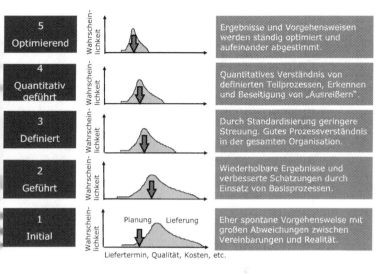

Abb. 6.8 Das CMMI unterstützt Verbesserungen hin zu mehr Systematik und Liefergenauigkeit

finierten Risikokategorien und -parameter bewertet, kategorisiert und eine relative Priorität bestimmt.

- Schwäche die Risiken ab. Schließlich werden Risiken behandelt und soweit angemessen abgeschwächt, um negative Auswirkungen auf die Erreichung der Projekt-, Geschäfts- oder Prozessziele zu reduzieren. Dazu wird ein Plan zur Risikominderung aus der Risikostrategie entwickelt. Dieser Plan wird umgesetzt, indem der Status jedes Risikos periodisch überwacht wird.

Abbildung 6.9 zeigt den Zusammenhang und Kontext der drei Ziele des Prozessbereichs „Risikomanagement" (Quelle: SEI). Man erkennt die Struktur des in diesem Buch beschriebenen Prozesses für das Risikomanagement wieder.

Diese drei Ziele (die von den fünf Prozessschritten in diesem Buch abgedeckt werden) und die zugrunde liegenden Praktiken zur Umsetzung (also beispielsweise Schulung, Ressourcenbereitstellung oder periodische Reviews mit höherem Management) helfen dabei, Risikomanage-

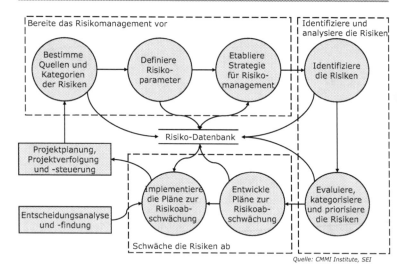

Quelle: CMMI Institute, SEI

Abb. 6.9 Risikomanagement im CMMI – Vorlage für einen schlanken und systematischen Risikomanagement-Prozess

ment als Prozess erfolgreich einzuführen und umzusetzen. Damit können Verbesserungen im eigenen Unternehmen umgesetzt werden und Lieferanten hinsichtlich ihres Risikos bewertet werden.

6.8 Projektmanagement und Risikomanagement

Risikomanagement ist elementarer Bestandteil des Projektmanagement. Jedes Projekt birgt Unsicherheiten und Gefahren, die leicht zu Problemen werden können. Erfolgreiche Projektmanager müssen gute Risikomanager sein. Risikomanagement geht zwar weit über ein einzelnes Projekt hinaus, aber hier soll nur das Projektmanagement und seine Anforderungen betrachtet werden.

Projektmanagement ist der zielgerichtete Einsatz von Menschen und die Anwendung von Wissen, Fähigkeiten, Werkzeugen und Methoden auf Projektaktivitäten, um die Anforderungen an das Projekt zu erreichen oder zu übertreffen. Es umfasst Planung, Leitung, Kontrolle und

Organisation eines Projekts. Das Risikomanagement im Projekt ist ein kontinuierlicher Prozess, um Gefahren zu identifizieren, zu bewerten und sie in ihrer Wirkung oder Eintrittswahrscheinlichkeit so abzuschwächen, dass daraus kein Problem wird.

Die wichtigste Phase bei Projekten ist aus der Sicht des Risikomanagement die Planung und Vorbereitung des Projekts. Die Planung umfasst:

- Ziele: Was soll das Projekt erreichen?
- Anforderungen: Was muss das Projekt liefern?
- Struktur: In welche Aktivitäten und Abhängigkeiten lässt sich das Projekt zerlegen? Welche Ergebnisse werden zu welchen Zeitpunkten geliefert?
- Aufwand: Welche Ressourcen werden zu welchen Zeitpunkten gebraucht?
- Organisation: Welche Projektorganisation löst die Aufgaben am besten?
- Prozesse: Wie sieht der Projektlebenslauf aus? Welche Methoden, Werkzeuge und Techniken werden eingesetzt?
- Budget: Welche Kosten entstehen? Sind genügend Mittel verfügbar, um den erwarteten Nutzen zu erreichen?
- Risiken: Welche Risiken beeinflussen den Projekterfolg und müssen in der Planung berücksichtigt werden?

Ein gutes Template für einen Projektplan können Sie dem IEEE Standard 1058–1998 entnehmen, der am Ende des Buchs nochmals referenziert wird. Dieses Template fordert einen dedizierten Plan für das Risikomanagement als Bestandteil des Projektplans. Es geht auch auf Lieferantenrisiken ein.

Was sind die Trends im Projektmanagement? Verschiedene Entwicklungen sind in den vergangenen Jahren zu beobachten, die sich in drei Kategorien ordnen lassen.

Unternehmenserfolg durch Projekterfolg. Projekte definieren sich zunehmend über den geschäftlichen Erfolg des Unternehmens und der Kunden. War früher in IT- und Entwicklungsprojekten das Erreichen der vereinbarten Projektziele unter Einhaltung der gegebenen Randbedingungen der Maßstab für einen erfolgreichen Projektabschluss, hat dies heute keine große Aussagekraft mehr. Ziel ist es, mit dem Projekt die sich ständig ändernden Randbedingungen im Geschäftsmodell der Kunden optimal zu erreichen. Unternehmen realisieren in dieser ungeheuer hohen Dynamik ihre Strategie zunehmend über Projekte. Andere und mehr starre Organisationsformen sind immer weniger geeignet, sich schnell an neue Randbedingungen und Anforderungen anzupassen. Was in der Softwareentwicklung als „Extreme Programming" und Agilität bereits seit langem seine Bedeutung hat, ist in der Strategie von Unternehmen die Adaptive Organisation, also die Summe aller Projekte. Ein gutes Wissensmanagement ist in einer solch agilen Umgebung unabdingbar, um die Erfahrungen systematisch in die Organisation einfließen zu lassen, und damit den Mehrwert des Lieferanten zu stärken.

Stärkere Interdependenzen. Einzelprojekte wird es zwar immer geben, jedoch geht ihr Anteil zugunsten von abhängigen Teilprojekten zurück. Der Projektmanager wird immer weniger in der Lage sein, sein eigenes Projekt nur innerhalb der Randbedingungen zu managen, die ursprünglich definiert und vereinbart wurden. Projekte hängen voneinander ab (z. B. ein IT-Projekt hängt von Projekten in den Geschäftsbereichen ab, die noch nicht genau wissen, welche IT-Lösung überhaupt sinnvoll ist; oder ein Entwicklungsprojekt hängt von den Projekten auf Kundenseite ab, die noch nicht definiert sind), und diese Abhängigkeiten müssen gemanagt werden. Produkt- und Programmmanagement sowie Multiprojektmanagement kommen in dieser zunehmend komplexeren Projektwelt eine große Bedeutung zu. Projektmanager müssen über das eigene Projekt hinausschauen und mit den vielen anderen – sie beeinflussenden – Projekten zusammenarbeiten. Interdependenzen wird es auch zunehmend mit den Kunden und Lieferanten geben. Bereits heute sind die wenigsten Benutzer in der Lage, verlässliche Anforderungen zu definieren. Projekte müssen sich anpassen und den Kunden stärker integrieren. Virtuelle Teams und Ökosysteme mit Kunden und Lieferanten arbeiten im Projekt zusammen. Sie nutzen neue Kommunikationsformen und Werkzeuge zur Kollaboration, weit über Zeitzonen und kulturelle Grenzen hinaus.

Professionalisierung. Kunden und Lieferanten müssen sich auf die Qualität ihrer Projekte verlassen. Daher gewinnen gesetzliche Regelungen, Standards und eine gute Ausbildung der Projektmanager an Bedeutung. Am wichtigsten sind dabei der Project Management Body of Knowledge (**PMBOK**) und die darauf aufbauende Zertifizierung zum Projektmanager. Aber auch andere Schnittstellenverantwortungen im Unternehmen, wie Produktmanager, stellen höhere Anforderungen und müssen professionell ausgebildet werden. Standardisierte, flexible Prozesse helfen dabei, sich in immer neuen Projektsituationen zurechtzufinden, ohne auf bestimmte Verhaltensweisen verzichten zu müssen.

Modelle wie das **CMMI** und **SPICE** werden zur Verbesserung der Prozessfähigkeit eingesetzt. Sie sind oftmals ein Instrument zur Differenzierung, um sich als IT-Lieferant zu profilieren. Mit solchen Standards wird das Benchmarking zwischen Unternehmen einfacher. Öffentliche Auftraggeber, Kunden mit starker Marktmacht sowie Kundenvereinigungen werden solche Lieferanten bevorzugen, die Ihre Kompetenzen nachgewiesen haben und bereit sind, sich extern auditieren und zertifizieren zu lassen. Wichtiger ist auch die normative Bedeutung dieser Regelwerke. Als ISO 15504 Standard definieren diese Rahmenwerke heute genauso wie spezifische Standards wie ein IEC 61508 für funktionale Sicherheit oder ein ISO 27001 für Informationssicherheit den Stand der Technik. Im Schadensfall muss der Verursacher die Berücksichtigung des Stands der Technik nachweisen.

Gutes Risikomanagement wird von den Standards vorausgesetzt. Risiken werden komplexer und sind in ihren Wirkungen nur schwer zu durchschauen. Kunden wollen sich in ihren Investitionen versichern und erwarten, dass der Lieferant entsprechende Risikovorsorge und projektbegleitende Risikoüberwachung einsetzt. Unternehmen sollten daher ihr Risikomanagement für Projekte, Produktlinien und Portfolios hierarchisch aufbauen, um den Aufwand zu reduzieren und den Effekt zu optimieren.

Tipps für das erfolgreiche Risikomanagement

7.1 Praxisregeln und Gesetzmäßigkeiten

Wir beginnen mit einigen Gesetzmäßigkeiten aus Softwareprojekten, die das Risikomanagement erleichtern. Gesetze leiten sich aus Beobachtungen ab und sind Hypothesen zu Zusammenhängen, die bisher nicht widerlegt werden konnten. Das heißt allerdings nicht, dass es Naturkonstanten sind (soweit es die in Disziplinen wie Softwaretechnik überhaupt geben kann). Die genannten Gesetze wurden bereits in früheren Kapiteln eingesetzt und erläutert. Eine Übersicht zu den Quellen für viele dieser Kennzahlen findet sich in unserem Buch „Software Measurement".

Eine einzelne Anforderung soll auf maximal einer Druckseite beschrieben werden. Diese Vorgabe hängt mit der Granularität und der Lesbarkeit zusammen. Anforderungen können sehr umfangreich sein, aber man riskiert dann, dass sie nicht mehr les- und prüfbar sind. Besser ist es, sie in weitere Anforderungen zu gliedern, wenn sie zu umfangreich werden. Das hilft dann auch dabei, Testfälle optimal an die Anforderungen anzupassen. Wir können die Granularität von Anforderungen projektspezifisch ableiten. Wenn ein Projekt ungefähr 6–12 Monate dauern soll, dann darf es maximal 30–50 Personenjahre konsumieren (minimale Projektdauer in Monaten ist als Faustregel gleich 2,5 multipliziert mit der dritten Wurzel aus dem Aufwand in Personenjahren; hier wird eine Sicherheit von 50 % zugegeben). Dies entspricht einem maximalen Aufwand von 2000 Personenwochen. Im Projekt sollte ein Arbeitspaket typischerweise 1–4 Personenwochen konsumieren. Damit erhalten wir in diesem Projekt einige Hundert Arbeitspakete, und eine Anforderung deckt um die 10 Arbeitspakete ab.

C. Ebert, *Risikomanagement kompakt*, IT kompakt, DOI 10.1007/978-3-642-41048-2_7, © Springer-Verlag Berlin Heidelberg 2013

Das größte Projektrisiko sind unzureichende und sich ändernde Anforderungen. Eine schlechte Anforderungsqualität führt zu Kosten, die erst sehr spät auftreten, aber dann massiv zu Buche schlagen. Das gilt sowohl für falsch verstandene und umgesetzte Benutzerbedürfnisse als auch für fehlerhafte Anforderungen. Bei den meisten Softwaresystemen wird die Hälfte aller Funktionen niemals genutzt. 80 % der Fehler im Test resultieren von fehlenden (31 %) oder falschen (49 %) Anforderungen. 43 % der im Betrieb festgestellten Softwarefehler in eingebetteten Systemen sind auf eine unzureichende Anforderungs- und Analysephase zurückzuführen.

Solides Requirements Engineering benötigt 10 % des Projektaufwands. Wird dieser Aufwand unterschritten, ergeben sich Zusatzaufwände durch unzureichend analysierte und spezifizierte Anforderungen, unklare Projektziele, zu viele Änderungen der Anforderungen nach Projektstart sowie eine inkonsistente Dokumentation der verschiedenen Arbeitsergebnisse. Typischerweise werden nur 3–6 % des Aufwands in das RE investiert. Eine Verdoppelung dieses Aufwands hat das Potenzial, über 20 % der Lebenszykluskosten zu sparen, und zwar durch die Vermeidung von Fehlern während der Ermittlung und Analyse, durch frühe Fehlerentdeckung und weniger Nacharbeiten während der Spezifikation und Validierung, durch bessere Konsistenz und Termintreue sowie durch bessere Wartbarkeit im Betrieb. Werden nur 5 % des Projektaufwands für Anforderungen investiert, ergeben sich Verzögerungen von 50 % und mehr.

Die Projektvorbereitung beansprucht 10–50 % der Entwicklungsdauer. Wir vergleichen hier die Dauer der Analyse und Planung vor Projektstart mit der Projektdauer bis zur Lieferung. Die genannten Zahlen beziehen sich auf neue, innovative oder stark geänderte Produkte. Bei definierten Projekten, wie Folge-Releases, sollte ein Zeitrahmen von 10–30 % Dauer vor Projektstart nicht überschritten werden. In Zahlen ausgedrückt gilt damit, dass ein Projekt mit einer angenommenen Entwicklungsdauer von 12 Monaten typischerweise 2–3 Monate brauchen darf, um von der ersten Konzeption bis zum Projektstart vorbereitet zu werden. Es hat also eine Gesamtdauer von 15 Monaten. Die Zeitdauer dieser Vorbereitung spiegelt nicht den Aufwand wider, der vergleichsweise niedrig ist.

Anforderungen ändern sich im laufenden Projekt typischerweise mit 1–5 % des Projektumfangs bezogen auf den Aufwand pro Monat. Die Änderungsrate ist der Anteil der geänderten Anforderungen an der Gesamtzahl aller Anforderungen. Änderungen sind neue, gelöschte und inhaltlich geänderte Anforderungen. Um eine projektspezifische Aussage zu erhalten, können die Änderungen auf die geschätzten Projektkosten umgerechnet werden. Dadurch werden Änderungen an umfangreichen und daher aufwendigen Anforderungen stärker berücksichtigt.

Unsere Projekterfahrungen zeigen:

- 50 % der Ineffizienz kommt von schlechter Anforderungsqualität (sog. „Wüste").
- Nur 52 % der ursprünglichen Anforderungen sind im gelieferten Produkt.
- Nur 20 % der gelieferten Funktionen werden genutzt.
- Die Produktivität im Projekt fällt ab ca. 20 % Änderungsrate stark ab.

Eine Änderungsrate von 1 % pro Monat bei einem Projekt von 100 Personenmonaten bedeutet, dass monatlich Anforderungen mit einem Beitrag von einem Personenmonat geändert werden. Die Änderungskosten sind hierbei nicht berücksichtigt, denn sie wachsen gegen Ende der Projektdauer überproportional an. Dieses Gesetz ist eine brauchbare Faustregel für Projektmanager, um Änderungen zu planen. Beachten Sie allerdings, dass der Aufwand für die Änderung selbst nur schwer schätzbar ist und über die Projektdauer schnell wächst. Was in der Ermittlungsphase noch durch eine einzige Änderung im Lastenheft zu erreichen ist, erfordert später die – konsistente – Änderung einer ganzen Reihe von Dokumenten. Stabilere Anforderungen gibt es nur in Umgebungen, die stark standardisiert oder reglementiert sind.

Die Produktivität eines Softwareprojekts hängt von der Änderungsrate der Anforderungen ab. Diese Feststellung ist offensichtlich, denn ohne Stabilisierung der Anforderungen wird es nie zu einem Ergebnis kommen und damit wird die Produktivität bei null bleiben. Quantitative Betrachtungen zu diesem Thema sind allerdings eher selten. Wir haben festgestellt, dass die Produktivität (also der Output aus dem Entwicklungsprozess dividiert durch die dafür eingesetzten Ressourcen) bei einer gesamten Änderungsrate der Anforderungen von bis zu 30 % über die

Projektdauer nahezu konstant bleibt. Ab dieser Grenze bewegt sich die Produktivität schnell nach unten. Beachten Sie daher in Ihren Projekten diesen Zusammenhang und erlauben Sie nur so viel Flexibilität, wie ihr Produkt verträgt, ohne die angenommene Profitabilität zu reduzieren. Softwareentwicklung folgt dem Pareto-Prinzip. 20 % der implementierten Funktionen vereinigen 60–80 % der späteren Nutzungsfälle auf sich. 20 % der Komponenten konsumieren 60–80 % der Ressourcen. 20 % der Komponenten verursachen 60 % der Fehler. 20 % der Fehler benötigen 60–80 % des Reparaturaufwands. 20 % der Erweiterungen verschlingen 60–80 % der Wartungskosten. Entscheidend ist es, die jeweiligen 20 % identifizieren zu können und damit das Projekt besser zu kontrollieren. Eine Maßnahme besteht darin, bereits in der ersten Analyse (und später dann in weiteren Projektschritten) ständig markieren zu lassen, welche Komponenten oder Ergebnisse als übermäßig komplex charakterisiert werden. Über die Zeit erhält man dadurch eine hinreichend brauchbare Taxierung, die dann auch zur Planung genutzt werden kann.

Änderungen nach der Übergabe betragen 5–8 % neue Funktionen sowie 10 % geänderte Funktionen pro Jahr. Diese Änderungsrate hängt von vielen Faktoren ab, beispielsweise der Dynamik des Markts, legislativen Regelungen, dem Nutzungsgrad des Produkts und der Wettbewerbersituation (z. B.: Gibt es viele aktive Wettbewerber bei geringer Markteintrittsschwelle?). Diese Faktoren zu kennen hilft bei der Ressourcenplanung während der Wartungsphase und dabei, das Projekt und die zugehörige Roadmap zu stabilisieren.

Veränderungsmanagement benötigt dezidierten Aufwand über eine längere Zeit. Typischerweise rechnet man für Prozesse und deren Unterstützung mit einem Aufwand von 2–3 % für die Pflege eines definierten Standes, während eine größere Veränderung kurzfristig über 5 % Aufwand erfordern kann. Bereiten Sie sich auf diese Aufwände vor, oder Sie haben danach einen formalen Prozess eingeführt, während die Entwickler in einer „Schattenwelt" leben, wo Prozesse und Werkzeuge nur pro forma eingesetzt werden, weil es das Management so will.

> Nutzen Sie externe Unterstützung gerade beim Veränderungsmanagement, um von den besten Praktiken in anderen Unternehmen zu lernen. Über die Hälfte aller Veränderungsprojekte scheitern, und da sollten Sie typische Fallen vermeiden.

7.2 Agiles uns schlankes Risikomanagement

Zunehmend setzen Unternehmen ihre Entwicklung auf Diät. Kostensenkung ist das dominierende Ziel, aber es geht auch um kürzere Projektzeiten, schnellere Umsetzung von Innovationen und das Bestehen im weltweiten Wettbewerb. Das Risikomanagement muss hier zwei Aspekte optimieren. Einerseits sollte der Kunde oder Benutzer im Mittelpunkt stehen, um wirklich nur die Anforderungen zu bearbeiten, die auch Wert schaffen. Andererseits muss die Vorgehensweise projektbegleitend immer wieder justiert werden, denn Anforderungen und Ziele ändern sich über die Projektdauer.

Ein abgestimmtes Risikomanagement liefert genau das Optimum zwischen zu wenig Inhalt und falschem Fokus einerseits und zu viel Komplexität, Aufwand und Nacharbeiten andererseits Abbildung 7.1 zeigt diese Optimierung. Lean wirkt dabei im Großen, agil im Kleinen.

Die Grundprinzipien von „Lean", die auch in der agilen Entwicklung aufgegriffen werden, klingen zunächst einfach:

- Kundenwert schaffen
- Verschwendung vermeiden
- Wertflüsse optimieren
- Eigenverantwortung stärken
- Kontinuierlich verbessern

Kundenwert schaffen. Kundenorientierung heißt, dass eine Tätigkeit immer auf einen externen oder internen Kunden und Nutzen ausgerichtet sein muss. Betrachten Sie die Entwicklung mit den Augen Ihrer Kunden.

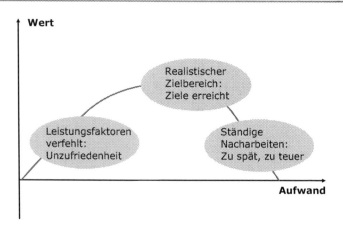

Abb. 7.1 Lean und agil: Wert für den Kunden optimieren

Wo wird wirklich Wert geschaffen und wo entsteht Blindlast? Identifizieren Sie wenige kritische Kostentreiber. Eigentlich wissen Sie es selbst, aber nun muss es auf den Tisch. Ganz wichtig: Nehmen Sie nichts als gegeben hin, nur weil heute so gearbeitet wird. Effizienzverbesserung beginnt damit, seine eigene Position infrage zu stellen. Wie würde ein Wettbewerber arbeiten, der auf der grünen Wiese beginnt und schnell Produkte auf den Markt bringen will?

Verschwendung vermeiden. Verschwendung wird vermieden, wenn Tätigkeiten konsequent an der Wertschöpfung ausgerichtet werden. Konzentration auf die wertschöpfenden Prozesse bedeutet, dass das organisch gewachsene Verhalten rigoros und systematisch abgespeckt wird, beispielsweise durch weniger Nacharbeit und Reibungsverluste. Die Wertstromanalyse entdeckt die versteckten Unwirtschaftlichkeiten, zum Beispiel Nacharbeiten aufgrund mangelnder Qualität, komplexe Entscheidungsprozesse oder Verschwendung durch Aktivitäten, die keinen Beitrag zur Wertschöpfung leisten. Analysieren Sie gezielt die Kostentreiber in der Entwicklung. Anknüpfungspunkte sind aus unserer Erfahrung eine durchgängige Plattform- und Variantenstrategie, gezielte Wiederverwendung (Komponenten, Testfälle, Testumgebungen etc.) sowie frühzeitige Fehlerentdeckung.

Wertflüsse optimieren. In vielen Unternehmen wird nur innerhalb der Abteilungsgrenzen optimiert, während es an den Schnittstellen zu Missverständnissen und Abstimmungsproblemen kommt. Der Wertfluss in der Entwicklung beginnt mit der Produktstrategie und endet mit der Produktion, Evolution und Pflege. Wir entdecken viele Verbesserungspotenziale beispielsweise in nicht ausgerichteten Roadmaps, zu späten Anforderungsänderungen oder fehlender Abstimmung über Bereichs- und Landesgrenzen (bei verteilter Entwicklung) hinweg. Zu oft werden Konzepte, Spezifikationen und Anforderungen nur über den Zaun geworfen, ohne einen durchgängigen Eigentümer zu haben, der am erreichten Wert gemessen wird. Standardisieren Sie Ihre Technologien, Prozesse und Werkzeuge. Überlappende Aktivitäten, unklare Aufgaben heterogene Werkzeuglandschaften und ständig neue Ideen, die nie umgesetzt werden, verschwenden Energie und demotivieren die Mitarbeiter.

Eigenverantwortung stärken. Eigenverantwortung ist ein Schlüsselwort im agilen Risikomanagement. Nur engagierte und motivierte Mitarbeiter arbeiten eigenverantwortlich und fokussieren ihre Energie dort, wo es gerade wichtig ist. Sie warten nicht, bis „das Management" entscheidet, sondern bereiten und stimulieren selbst. Damit werden viele Risiken erst gar nicht hochgeschaukelt. Doch viel zu oft werden Aufgaben kleinteilig bearbeitet und Teams haben kaum Entscheidungsspielräume. Ständige Unterbrechungen und neue Aufgaben stören die Kreativität und führen zu Fehlern. Mit dem „Pull"-Prinzip (japanisch: Kanban) ziehen Teams die Projekte oder Teilaufgaben termingesteuert selbstständig. Sie legen fest, wer was wann macht, und fordern die gemachten Vereinbarungen im Team ein. Verspätung gilt nicht, denn das Team hat die Zeitvorgaben untereinander vereinbart. Das aus der agilen Entwicklung bekannte Scrum unterstützt dieses Vorgehen im Kleinen sowie auf Projektebene. Beachten Sie, dass Verantwortung nur dann delegiert werden kann, wenn die Teams dazu befähigt werden. Bauen Sie Kompetenzen gezielt auf und stimulieren Sie das Lernen aus gemachten Erfahrungen. Fehler sind möglich, aber sie sollten sich nicht wiederholen.

Kontinuierlich verbessern. Der sogenannte kontinuierliche Verbesserungsprozess (KVP) fordert die Mitarbeiter ständig dazu auf, die Abläufe zu hinterfragen und neue Ideen einzubringen. Denn sie haben ihre Arbeitsplätze und die alltäglichen Prozesse am besten im Blick. Stimulieren Sie die Teams, mit Kennzahlen zu arbeiten und daraus kontinuierliche Verbesserungen abzuleiten und deren Umsetzung zu messen.

Lean und agil helfen dabei, die eigenen Strukturen, Prozesse und Werkzeuge in der Entwicklung schlank zu gestalten. Unsere Erfahrungen in der Umsetzung von „Lean Development" zeigen, dass in Entwicklungsprozessen 20–30 % der Kapazität durch Verschwendung gebunden sind. Diese neu gewonnene Kapazität wird so in wertschöpfende Tätigkeiten investiert, dass beispielsweise mehr Projekte mit gleicher Mannschaft möglich werden, Durchlaufzeiten verkürzt werden, Produktionsanläufe abgesichert werden und eine bessere Produktqualität frühzeitig in der Entwicklung erreicht wird.

Wir haben bereits einige solcher Projekte mit messbaren Erfolgen durchgeführt. So lässt sich im Lieferantenmanagement eine Verbesserung der Kosten von 10–30 % erreichen. Ein unzureichendes Lieferantenmanagement schafft ein massives Risiko für die eigene Entwicklung, denn Termine werden nicht gehalten und zugelieferte Komponenten erfüllen nicht die Anforderungen. Mit einem OEM verbesserten wir die Termineinhaltung der Lieferungen auf über 90 % und reduzierte die Fehler auf die Hälfte. Im Produktmanagement lässt sich durch eine bessere Abstimmung von Produktstrategie, Roadmaps und wiederverwendbaren Komponenten eine Verschlankung um 20–40 % erreichen. Frühzeitige Fehlerentdeckung schafft 10–20 % Potenzial zum Abspecken.

Was heißt das für das Risikomanagement? Einfache, klare, agile Regeln stimulieren Nachdenken und Innovation – gerade in unsicheren und neuen Situationen. Schwerfällige und komplexe Vorgaben schränken ein und führen zu Bürokratie. Oftmals sehen wir bei Kunden eine Scheinwelt aus schwerfälligen Prozessen und Werkzeugen, während die Produktmanager oder Entwickler mit einem agilen Spreadsheet gearbeitet haben. Jeder Bereich hat eine solche, jeweils eigene, Scheinwelt, in der den Kunden Zusicherungen gemacht werden, ohne dass diese vorher mit der Entwicklung und den zur Verfügung stehenden Ressourcen abgeglichen wurden. Beides führt zu Fehlern durch Inkonsistenz, zu Redundanzen und Nacharbeit und demotiviert die Mitarbeiter.

Risikomanagement muss unterstützen, ohne einzuengen. Es muss von Führungskräften aktiv vorgelebt werden, um zur Disziplin zu erziehen. In den Teams wird agiles Risikomanagement eigenverantwortlich gelebt, beispielsweise im täglichen Scrum. Agilität heißt nicht, dass Prozesse unkontrolliert wegfallen, sondern dass schlanke Prozesse auf die wesentlichen Bedürfnisse abgestimmt sind.

Abbildung 7.2 zeigt das agile Vorgehen und die kontinuierlichen Einflüsse auf die Entwicklungsteams durch Änderungen. Anforderungen werden parallel zum Projekt entwickelt und umgesetzt. Begonnen wird mit wenigen Anforderungen, die einen großen Einfluss auf Architektur und grundlegende Entwurfsentscheidungen haben. Agile Projekte sollten die Explorationsphase mit den relevanten Schlüsselgruppen vor Projektbeginn intensiv bearbeiten. Zudem sollten mit den Kunden ein Budget sowie Inkrement-Meilensteine vereinbart werden, um das Projekt auf eine definierte Basis zu stellen. Für Kunden ist diese Forderung nicht immer nachvollziehbar, sind sie doch gewohnt, dass eine klare Spezifikation die Basis für eine Beauftragung bildet.

Agile Projekte sind einfacher, wenn die Teams räumlich zusammen sind. Über zeitliche und geografische Distanzen hinweg lassen sich die Prinzipien von kurzen Kommunikationswegen und engen Terminen kaum umsetzen. Bei **Yahoo** wurden kürzlich die Mitarbeiter wieder zur Anwesenheit im Büro verpflichtet. Auch Salesforce.com ändert den Kurs dahingehend, dass alle Projektmitarbeiter möglichst eng zusammen sind. Die Nähe von Entwicklern und Anwendern macht agile Projekte effizient und reaktionsfähig. Im Idealfall trifft sich das Team täglich, um sich zu synchronisieren und den nächsten Schritt zu vereinbaren.

Projekte mit über weite Distanzen und verschiedene Zeitzonen verteilten Teams sind schwierig. Distanz führt zu Missverständnissen, und die Kommunikation verzögert sich. In einem solchen Team müsste vieles mehrfach kommuniziert werden, und bei jeder Wiederholung können sich Fehler einschleichen. Wir empfehlen in verteilten Teams daher ein robustes agiles Vorgehen, wo ein täglicher Scrum für Vereinbarungen

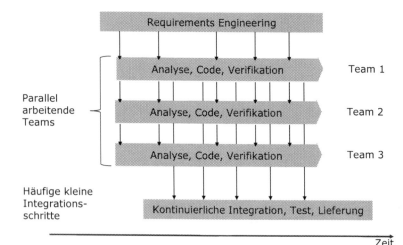

Abb. 7.2 Agile Entwicklung mit mehreren Teams

und Kommunikation sorgt, während verschiedene Kollaborationswerkzeuge gezielt für gefühlte Nähe sorgen.

7.3 Einführung von Risikomanagement

Die Einführung von Risikomanagement bedingt eine kulturelle Änderung. Diese Kulturänderung bedeutet eine Entwicklung weg von regelmäßigen Feuerwehreinsätzen (und Feuerwehrleuten, die Brände legen, um danach ihr Können zu demonstrieren) hin zur Vermeidung von Bränden. Allerdings lernen Brandstifter nicht gerne. Die Kulturänderung bedeutet also eine schrittweise Hinführung zur Disziplin im Tagesgeschäft, die ein effektives Risikomanagement braucht.

Die folgende schrittweise Strategie hat sich zur Einführung von Risikomanagement bewährt:

Schritt 1: Risikomanagement braucht einen konkreten Aufhänger. Wird es ohne nachvollziehbaren Bedarf eingeführt, wird es theoretisch und danach kaum gelebt – und damit ist es erst einmal verbrannt. Warten Sie daher bis der Leidensdruck hinreichend groß ist (z. B. negatives Kunden-Feedback, verärgerter Vorstand). Leidensdruck unterstützt Sie bei Änderungen der Kultur. Suchen Sie sich einen Sponsor im Vorstand, der Risikomanagement braucht. Heute sind die Vorstände sensibel, da sie persönlich haften.

Schritt 2: Starten Sie mit einem konkreten Projekt. Wählen Sie ein Projekt, das für Ihr Unternehmen kritisch ist, aber nicht gerade das Wichtigste. Das wichtigste Projekt hat so viele Personen, die sich einmischen, dass es schwer wird, den Erfolg des Risikomanagement nachher zu reklamieren. Wählen Sie auch kein unbedeutendes Projekt, da diese Projekte naturgemäß zuerst unter neuen Randbedingungen leiden. Hier geht es um die Pilotierung eines neuen Vorgehens, und entsprechend umsichtig sollten Sie sein. Änderungen, die schlecht vorbereitet und pilotiert werden, haben keine Chance auf spätere Akzeptanz.

Schritt 3: Betrachten Sie ein bestimmtes wirtschaftliches Risiko des Projekts, das Ihnen momentan weh tut (z. B. Verzögerungen, schlechte Qualität). Es sollte bereits häufiger aufgetreten sein und zu einem Problem geworden sein. Konzentrieren Sie sich auf dieses Risiko, denn damit wollen Sie die Wirksamkeit und den Nutzen von gutem Risikomanagement zeigen. Unterscheiden Sie zwischen Risiken und Problemen. Probleme werden sofort priorisiert und mittels Prozessverbesserungen adressiert. Versuchen Sie nicht mit dem gewählten Risiko jede Menge strategischer Einflüsse oder Prozessprobleme auf einmal zu lösen.

Schritt 4: Bewerten Sie das Risiko und seine Einflussfaktoren. In aller Regel gibt es für ein kritisches Projekt mit einem wirtschaftlichen Risiko eine ganze Menge von Einflussfaktoren. Identifizieren Sie Möglichkeiten, um die Einflussfaktoren zu behandeln. Vereinbaren Sie innerhalb des Projekts Aufgaben, die das Risiko behandeln. Setzen Sie diese Aufgaben auf den regulären Projektplan, damit sie verfolgt und implementiert werden. Stellen Sie zusätzlich einen Notfallplan auf, der dann greift, wenn die regulären Aufgaben zur Behandlung versagen. Damit kann das Risikomanagement im Eintrittsfall die Auswirkungen trotzdem abschwächen.

Schritt 5: Verfolgen Sie den Status des Risikos und die Wirksamkeit der Maßnahmen zur Abschwächung regelmäßig in den Projektreviews. Zeigen Sie damit auf, dass Risikomanagement eine regelmäßige Tätigkeit ist. Ziel ist natürlich, dass die Maßnahmen greifen und das Risiko dieses Mal nicht zum Problem wird.

Schritt 6: Demonstrieren Sie die Wirkung des Risikomanagement (z. B. Terminverzug ist nicht eingetreten). Nur der Erfolg überzeugt jene, die bisher in die alleinige Kraft der Feuerwehreinsätze vertrauten. Falls das Risiko doch zum Problem wird, sollten Sie damit sehr sauber und frühzeitig sichtbar umgehen, um zumindest die Auswirkungen abzuschwächen. Merke: Der Schuss muss sitzen!

Schritt 7: Nutzen Sie den erreichten Effekt und dehnen das Risikomanagement im Unternehmen aus. Überzeugen Sie Führungskräfte. Nutzen Sie akzeptierte und wertgeschätzte Mitarbeiter, um zu evangelisieren. Trainieren Sie Projektmanager im Risikomanagement. Arbeiten Sie schrittweise entgegen der Kultur der Brandstifter.

> Nutzen Sie daher die gute Praxis externer Berater, als zu versuchen, eine Methodik selbst einzuführen (was ja auch nicht Ihre Kernkompetenz darstellt, denn die liegt in Ihren Produkten), und damit auch jeden früheren Fehler zu wiederholen.

Zum Schluss noch eine Checkliste, ob Sie das Risikomanagement gut genug eingeführt haben.

7.3.1 Checkliste für Ihr eigenes Risikomanagement

Beantworten Sie die zehn folgenden Fragen ganz spontan mit „Ja" oder „Nein":

• Jedes Projekt hat einen ausgebildeten Projektmanager sowie einen kompetenten Steuerkreis.

- Die verschiedenen Interessengruppen des Projekts arbeiten zusammen.
- Projekte haben realistische Ziele und Pläne, die regelmäßig bewertet werden.
- Anforderungen und Änderungen werden nur nach erfolgtem Risikomanagement vereinbart.
- Projekte haben Kosten-Nutzen-Analysen auf Basis der Anforderungen.
- Jedes Projekt hat eine individuelle Risikoliste, für die der Projektmanager verantwortlich ist.
- Aufgaben zur Abschwächung werden geplant und verfolgt.
- Projekte werden inkrementell entwickelt.
- Qualitätskriterien werden rigoros geprüft und eingehalten.
- Der Projektfortschritt wird anhand des erreichten Werts verfolgt.

Falls Sie von den zehn Fragen mindestens acht mit ja beantworten können, haben Sie ein tragfähiges Risikomanagement eingeführt. Falls es unter fünf positive Antworten sind, sollten Sie die Notbremse ziehen, und zuerst die Hausaufgaben machen, insbesondere als Projektleiter, der nachher für die Ergebnisse geradestehen muss.

7.4 Tipps und Beste Praktiken für die Projektarbeit

Risikomanagement ist kein Problemmanagement. Dies sollte nach der Lektüre des Buchs eigentlich keine Frage mehr sein. Aber es tritt dennoch oftmals eine Verwischung der Grenzen zwischen beiden Disziplinen auf, vor allem bei den bereits genannten hausgemachten Problemen. Wurden beispielsweise die Anforderungen nicht ausreichend analysiert, besteht selbstverständlich ein großes Risiko, dass sie sich ändern, dass sie falsch verstanden wurden, dass der Aufwand falsch geschätzt wurde, oder dass die nötigen Mitarbeiter und Fähigkeiten nicht pünktlich zur Verfügung stehen. Dies sind dann zwar Risiken, aber solche, die durch ihre bedingte Wahrscheinlichkeit eine Eintrittswahrscheinlichkeit nahe eins haben. Und damit sind es nicht mehr Risiken sondern Probleme. Ohne eine Ursachenbekämpfung, die im Beispiel im Requirements Engineering ansetzen muss, wird sich gar nichts ändern. Analysieren Sie die

Risiken daher immer auch hinsichtlich ihrer individuellen Voraussetzungen. Sollten diese Anfangsszenarien sich über Projekte hinaus gleichen, dann liegt ein Problem vor, das behoben werden muss.

Aufgaben zur Risikoabschwächung müssen klar und verbindlich sein. Sie haben eine klare Verantwortung mit einem Namen, einen Zeitplan sowie ein Budget. Ohne diese Voraussetzungen werden die Aufgaben gerade in Umgebungen, die Risikomanagement nicht gewohnt sind, nicht erfolgreich sein. Verfolgen Sie die Aufgaben regelmäßig, um deren Erfolg zu sehen.

Risikomanagement erfolgt kontinuierlich. Die logische Reihenfolge der Schritte im Risikomanagement hat nichts mit einer zeitlichen Abfolge zu tun. Es wäre sehr fahrlässig, die Risiken nur einmal zu identifizieren und zu bewerten. Risiken werden zwar vor Projektstart identifiziert – aber auch danach (z. B. Neubewertung, Freigabe). Im Laufe des Produktzyklus treten ständig neue Risiken auf, während frühere an Relevanz verlieren. Insofern ist es Aufgabe des Projektmanagers (im Projekt) und des Produktmanagers (für die Produktlinie oder das Portfolio), Risiken ständig neu zu bewerten und die vereinbarten Aufgaben auf Erfolg zu prüfen. Maßnahmen, die nicht mehr relevant sind, werden abgebrochen.

Risikomanagement braucht Projektdisziplin. Eine solide Projektplanung ist die Basis für Risikomanagement. Sie identifiziert alle wichtigen Aktivitäten und berücksichtigt konkrete Ressourcen, Kosten und Abhängigkeiten von Arbeitspaketen. Alle Aktivitäten werden hierarchisch verfeinert und sind mit Aufwand, Status, Ressourcen, Dauer und Daten verbunden. Projektmanagement muss methodisch und durch geschulte Projektmanager erfolgen. Dazu gehören Gantt Charts (Balkendiagramme), PERT Diagramme (Netzplantechnik), Analysen für kritischen Pfad und für unterschiedliche Szenarien sowie eine Rückwärts-Planung für den Liefertermin.

Risikomanagement behandelt Unsicherheiten. Im Projekt gibt es Unsicherheiten, die im Laufe des Projekts – hoffentlich – kleiner werden.

Diese Unsicherheiten resultieren von Schätzungenauigkeiten, Änderungen der Anforderungen, oder unerwarteten Problemen. Unsicherheiten müssen im Plan und in der Kontrolle von Risiken berücksichtigt werden. Verschiedene Maßnahmen zur Risikoabschwächung werden eingesetzt. Ein erfahrungsbasiertes Toleranzband wird im Projektplan vorgesehen, um Unsicherheiten zu berücksichtigen (Abb. 7.3). Dieses Toleranzband erlaubt es, in verschiedenen Projektphasen den Einfluss von Änderungen im Plan und im Risikomanagement individuell zu berücksichtigen. Änderungen (Anforderungen, Mitarbeiter, Abhängigkeiten, etc.) müssen diszipliniert behandelt werden. Kritische Meilensteine sollten auch rückwärts geplant werden, um den „Point of no Return" zu kennen. Bei großen Unsicherheiten von Einzelaktivitäten auf dem kritischen Pfad wird parallel bereits die Abschwächung als separate Aktivität eingeplant (z. B. wenn eine externe Komponente nicht fertig ist, wird der Ersatzlieferant ohne weiteren Verzug beauftragt).

Verwenden Sie Puffer sehr restriktiv. Eine alte Projektregel besagt, dass Arbeiten immer die verfügbare Zeit und Ressourcen benötigen. Das liegt daran, dass zusätzliche unnötige Arbeiten gemacht werden und sich die Mitarbeiter über jeden Freiraum freuen, um andere Dinge zu machen. Wenn dann Puffer in verschiedene Aktivitäten eingebettet werden, ist dieser Aufwand verloren. Puffer reduzieren die Produktivität und erhöhen die Kosten, wenn sie nicht diszipliniert eingesetzt werden. Puffer für Zeit oder Aufwand sollten daher streng limitiert werden, und sorgfältig als dedizierte Abschwächung kontrolliert werden. Manche Projekte haben dazu ein Zeitkonto im kritischen Pfad vereinbart, von dem „Puffer" abgebucht (oder zurückgezahlt) werden. In jedem Fall sollte der Bedarf eines Puffers auch zu einer Ursachenanalyse führen, sobald er verbraucht wird.

Kontrollieren Sie den erreichten Wert (Earned Value). Ziel jedes Projekts ist es, Vereinbarungen einzuhalten. Kontrollieren Sie daher nicht nur den Projektfortschritt, sondern vor allem den Grad der Zielerreichung. Ein wirksames Instrument für jegliche Projekte (groß oder klein; einfach oder komplex) ist es, den erreichten Wert zu kontrollieren und ihn schrittweise zu vergrößern. Dahinter steht die Beobachtung, dass kleinere Projekte erfolgreicher sind als große. Wenn die Realität große

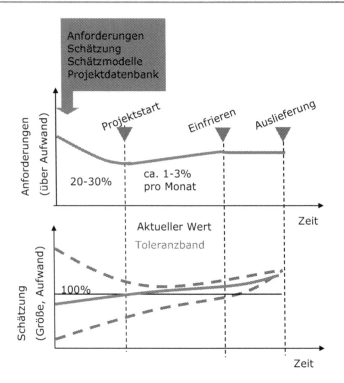

Abb. 7.3 Schleichende Änderungen kontrollieren

Projekte verlangt, sollten diese daher in einzelne kleinere Schritte heruntergebrochen werden, die den erreichten Wert greifbar vergrößern. Jedes Inkrement muss einen messbaren Zusatznutzen liefern. Dies erlaubt eine klare Fortschrittskontrolle, denn jede interne Lieferung hat auch einen vorher geplanten Nutzeffekt. Risiken können entkoppelt werden, denn eine Lieferung wird stabilisiert, so dass die nächste darauf aufbauen kann. Ein Projekt kann am Ende leichter abgeschlossen werden, wenn der Wert bereits mit den frühen Lieferungen erreicht wurde, und die späten Inkremente nur noch weniger relevante Inhalte bringen (so genanntes Time-Boxing). Inkrementelle Entwicklung und die Betrachtung des Earned Value bedingen eine transparente Liste aller Anforderungen und deren individueller Einfluss- und Kosten-Nutzen-Analyse. Nur damit kann priorisiert werden. Gruppen von Anforderungen werden gebildet, die stark voneinander abhängen und innerhalb der Gruppe geringe Grenzkosten verursachen. Dann werden diese Gruppen priorisiert und auf Inkremente verteilt. Der erwartete Nutzen wird individuell bewertet. Jedes Inkrement ist ein zeitlich befristetes Teilprojekt, das individuell geplant und verfolgt wird. Das Gesamtprojekt wird mit den Inkrementen schrittweise stabilisiert. Ein sehr umfangreiches Projekt wird in einzelne Teilprojekte mit messbarem Nutzen und einer Dauer von maximal 6 Monaten heruntergebrochen. Je größer das Terminrisiko, desto kleiner sind die Inkremente. Risikomanagement ist inhärenter Bestandteil jedes Inkrements. Falls neue Anforderungen kommen, oder bestehende sich ändern, werden sie in das Prioritäts- und Inkrementschema eingepasst. Änderungen von Anforderungen werden immer im Kontext der Teilprojekte, Ressourcen und Planungsrisiken bewertet und entschieden. Dieser Prozess sollte für die Kunden transparent sein, um aufzuzeigen, was Einflüsse von Änderungen sind. Getroffene Entscheidungen und die zugrunde liegenden Annahmen werden dokumentiert, denn sonst werden sie in jedem Schritt neu diskutiert.

Managen Sie die Lieferantenrisiken. Fremde Software birgt zusätzliche Risiken. Software wird zunehmend unterteilt und als einzelne Komponenten von unterschiedlichen Lieferanten entwickelt. Diese Arbeitsteilung braucht ein umfangreiches Risikomanagement Ihrer Lieferantenbeziehungen. Machen Sie sich klar, dass auch das Lieferantenmanagement komplexer wird. Wo früher ein Lieferant stand, der über eine Lizenz oder einen Vertrag seine Vereinbarungen mit dem Kunden traf, gibt es heute eine Verflechtung verschiedener Lieferantenbeziehungen. Die Nutzung eines Produkts wie Linux bedeutet beispielsweise eine Vielzahl verschiedener Open-Source-Lizenzen (GPL hat unzählige Derivate, die Sie verstehen müssen, um keine Urheberschutzverletzungen zu begehen), Verträge mit einer Verteilungsfirma (die Wartung und Service übernimmt) sowie je nach Markt auch Verträge mit Ihren Kunden zum Einsatz solcher Open-Source-Software (viele OSS-Lizenzen aber auch Kunden grenzen die Nutzung ein). Trennen Sie zwischen den Risiken im Offshoring, im Outsourcing, bei OEM-Komponenten, bei fremder kommerzieller Software und bei Open Source Software. Jede dieser Beschaffungsformen hat ihre eigenen Risiken, die bereits früher im Buch dargestellt worden sind. In der Regel lassen sich die Risiken in drei Gruppen einteilen und gebündelt abschwächen.

Zuerst kommen die reinen Lieferrisiken, die damit zu tun haben, dass der Lieferant nicht liefert, oder das gelieferte Produkt nicht die Erwartungen erfüllt. Als Abschwächung wird man hier **Lieferantenmanagement** (Audits, Projektkontrolle, gemeinsame Qualitätssicherung, etc.) und Ersatzlieferanten berücksichtigen. Prüfen Sie bei ausgelagerter Entwicklung die Pläne des Lieferanten mit den gleichen Techniken, mit denen Sie auch eigene Projekte prüfen. Sind die Pläne realistisch und können Sie gehalten werden? Wie wurde abgeschätzt? Wie gut sind die Mitarbeiter? Welche qualitätssichernde Aktivitäten sind geplant, und wie stellt der Lieferant die gewünschte Qualität sicher? Gehen Sie nicht davon aus, dass der Lieferant sein eigenes Geschäft gut versteht. Diese Annahme hat bereits vielen Projekten das Genick gebrochen und steht nach wie vor unter den drei wichtigsten Risiken für den **Projektabbruch**.

Die **rechtlichen Risiken** bilden eine zweite Gruppe und umfassen Haftungsfragen, Urheberrechte und Lizenzfragen. Diese Risiken müssen bei der Lieferantenauswahl und der Vertragsgestaltung berücksichtigt werden. Auch der Haftungsausschluss bei den weitverbreiteten Open-Source-Lizenzen ist hierzulande kein Freifahrschein. Sie haften als Lieferant für das Produkt, das Sie liefern – egal woher die Komponenten kommen. Risikomanagement bedeutet hierbei auch Risikoübertragung, beispielsweise an einen Lieferanten, der die Software „verpackt", also prüft und pflegt. Etablieren Sie in Ihrem Unternehmen klare Verhaltensvorgaben für den Einsatz fremder Software.

Eine dritte Gruppe von Risiken bei fremder Software sind **Wartungs- und Servicefragen**. Sie liefern ein Produkt, das seinem Zweck gerecht werden muss. Defekte müssen repariert werden. Planen Sie bereits zum Projektstart den Service und eventuelle Wartungsverträge. Schätzen Sie Restfehler ab, die nach der Lieferung zu korrigieren sind. Planen Sie die Entwicklung weiterer Funktionen, um das Produkt attraktiv zu halten. In aller Regel ist das Servicegeschäft sehr viel interessanter als die reine Softwareentwicklung – aber es muss auch organisiert werden.

Strategisches Risikomanagement benötigt Governance und kontinuierliche Prozessverbesserung. Bereits im Kapitel zu strategischem

Risikomanagement haben wir gezeigt, dass strategische Risiken „etwas anders" (also umfangreicher, weniger gut greifbar, mit sehr viel breiterem Einfluss) sind, als die operativen Risiken im Projekt. In der Regel zeigt das strategische Risikomanagement immer Potenziale zur Prozessverbesserung auf, die Sie außerhalb des eigentlichen Risikomanagement umsetzen müssen. Eine hohe Fluktuation der Mitarbeiter in Ihrer Offshore-Entwicklung braucht ein Maßnahmenpaket, das über das Risikomanagement hinausgeht. Kunden, welche die Anforderungen ständig und in letzter Minute ändern, brauchen Beratung und Unterstützung in deren Lieferantenmanagement. Organisationen, in denen sich jeder in Vereinbarungen und Projektpläne einmischt, brauchen eine professionelle Disziplin des Projektmanagement.

Schauen Sie nicht nur auf Projekte, sondern auch auf die Schritte davor. Häufig existieren Prozesse und Risikomanagement für alle Phasen im Projekt – aber nicht für die Schritte davor. Welche Projekte sollen begonnen werden, und welche nicht? Wer trifft die Entscheidungen und steht nachher dafür in der Verpflichtung? Oft werden die Kosten exakt analysiert, aber die Nutzen des Projekts sind sehr vage („braucht der Markt", „strategisch wichtig", „will der Vorstand"). Damit tragen die Entwickler oder Produktmanager alle Projektrisiken, denn auf einer solch undurchsichtigen Basis haben Anforderungen und Projektinhalte die Eigenschaft, sich ständig zu ändern. Schalten Sie vor den Projektstart ein erstes Risikomanagement. Bauen Sie in Ihren Produktlebenslauf einen verbindlichen Meilenstein ein, der die Budgetfreigabe und Beauftragung an ein abgeschlossenes Risikomanagement koppelt. Verlangen Sie einen Business Case und einen dafür verantwortlichen Manager als Voraussetzung für den Projektstart. Prüfen Sie, ob Kosten und Nutzen gleichermaßen detailliert und verlässlich spezifiziert sind. Starten Sie Projekte nur, wenn der Wert genügend groß ist, den Aufwand und die Risiken zu rechtfertigen. Starten Sie keine Projekte, die nur unzureichend budgetiert sind. Wenn das Projekt wirklich wichtig ist, muss es auch ausreichend Budget dafür geben. Überprüfen Sie den Business Case und seine Annahmen im Laufe des Projekts in mehreren verbindlichen Meilensteinen. Sobald die Annahmen nicht mehr stimmen (z. B. Vision, Verkaufszahlen, Segmentierung), muss das Projekt neu bewertet werden. Andernfalls kommt es zu spontanen inhaltlichen Änderungen, die Sie nicht durch Risikomanagement kontrollieren können.

Anonymität schafft in vielen Kulturen mehr Transparenz. Vor allem in der Einführungsphase kann die Gefahr entstehen, dass Mitarbeiter durch das Risikomanagement das Gefühl der Überwachung bekommen. Viele Risiken sind offensichtlich hausgemacht, und ein Großteil reflektiert eine unzureichende Prozesslandschaft, ungenügende Kompetenzen oder andere interne Probleme. Dies plötzlich öffentlich kundzutun ist nicht jedermanns Sache. Die Risikosammlung kann daher auch anonymisiert erfolgen. Dazu kann ein „Risiko-Briefkasten" installiert werden, oder ein anderer anonymer Kanal zum Projektmanager. Der Projektmanager sammelt die Risiken, versucht sie zu verstehen, zu bewerten, zu filtern und macht sie damit zu seinen eigenen Risiken. Danach sind sie nicht mehr anonym, da sie vom Projektmanager kommuniziert werden. Verständlicherweise sollte die Anonymisierung nicht dazu führen, dass alles auf den Projektmanager abgewälzt wird, was auf den regulären Kommunikationswegen nicht behoben werden kann. Dies zu kommunizieren und eine entsprechende Kultur zu schaffen ist eine Aufgabe, die zur Risikostrategie gehört.

Lernen Sie aus Ihren eigenen Fehlern. Die Probleme von gestern sind die Risiken von heute. Sammeln und bewerten Sie aus den abgeschlossenen Projekten die Kosten und Kostentreiber, unvorhergesehene Probleme, Fehler und Kunden-Feedback. Beobachtungen von Mitarbeitern (z. B. Wann lief das Projekt aus dem Ruder? Wann hätte man es sehen können? Wie? Welche Metriken fehlten damals?) können dabei helfen, frühzeitige Indikatoren einzuführen. Ein systematisierter Erfahrungsbericht (sog. „Lessons Learned") von früheren Projekten hilft Ihnen dabei, die Risiken von neuen Projekten zu erkennen. Sonst entkommen Sie dem Teufelskreis nicht und die Risiken von heute sind Ihre Probleme von morgen.

7.5 Werkzeuge für das Risikomanagement

Risikomanagement braucht zunächst keine speziellen Softwarewerkzeuge. Wichtig ist diszipliniertes Projektmanagement und die damit verbundenen Techniken und Werkzeuge, also

- Konkrete und realistische Projektplanung. Hierzu wird in der Regel ein Projektmanagementwerkzeug eingesetzt, um Aktivitäten, Abhängigkeiten, Zeiten und Aufwände zu verknüpfen und darzustellen. Grundsätzlich muss jede Aktivität im Projektplan eine klare Verantwortung haben.
- Klare Trennung zwischen Schätzung und Zielen. Die Schätzung sollte immer aus einem definierten Prozess stammen, der durch Schätzwerkzeuge unterstützt werden kann. Setzen Sie dazu Erfahrungsdaten und Durchführbarkeitsstudien ein.
- Kontinuierliche Projektkontrolle mit Projekt-Reviews. Inkrementelle Entwicklung und ein wertorientierter Ansatz erlauben eine frühzeitige Fortschrittskontrolle. Alle Projektdaten werden zweckmäßigerweise in einem unternehmensinternen Portal standardisiert zur Verfügung gestellt. Vermeiden Sie Ad-hoc-Lösungen, wo jeder Projektmanager seine eigenen Werkzeuge einführt.
- Systematische Kontrolle von Anforderungen und Änderungen. Für das Anforderungsmanagement benötigen Sie mindestens ein Spreadsheet mit allen Anforderungen, ihren Quellen, den Kosten und Nutzen sowie der Kontrolle zu Arbeitspaketen, Inkrementen, Entwicklungsergebnissen und Testfällen. Dedizierte Werkzeuge für das Requirements Engineering vereinfachen die Pflege dieser Beziehungen.

Zur Risikokontrolle genügt ein Spreadsheet. Sie haben bereits im vorangegangenen Kapitel zur Risikokontrolle einige Templates kennen gelernt, die mit einer Tabellenkalkulation leicht umgesetzt werden können. Eine solche Tabelle vereinfacht vor allem die Bewertung verschiedener Risiken und deren Statuskontrolle.

Spezifische Werkzeuge zum Risikomanagement sind in der Regel als Zusatzmodule für gebräuchliche Projektmanagementsoftware im Handel. Alle großen Hersteller von Projektmanagementsoftware bieten auch

Komponenten zum Risikomanagement an. Sie bieten die folgende Unterstützung:

- Kataloge mit Fragen zur Risiko-Identifizierung
- Situationsbasierte Erfahrungswerte oder Szenarien, um Risiken zu identifizieren.
- Erstellung von Grafiken, Templates, Histogrammen
- Simulationen zur Bewertung konkreter Projektsituationen
- Bewertung der Überlagerung von Risiken (z. B. wenn mehrere Risiken mit unterschiedlicher Wahrscheinlichkeit zu verschiedenen Verzögerungen führen)
- Bewertung der Korrelation und Abhängigkeit von Risiken (z. B. wenn ein Risiko zu Folgerisiken führt)
- Einbindung in Projektmanagement-Werkzeuge.

> Die Werkzeuge dienen zur Bewertung und Kontrolle von Risiken. Sie ersetzen nicht Ihre – kreativen – Fähigkeiten im Identifizieren von Risiken und Alternativlösungen.

Abbildung 7.4 gibt eine kurze Übersicht einiger gebräuchlicher Werkzeuge für das Risikomanagement. Die Auswahl und Kurzzusammenfassung erfolgte aufgrund eigener Erfahrungen und ist nicht komplett. Die Werkzeuge sind im Preis ansteigend sortiert, wobei auch die teuersten nur um die tausend Euro kosten.

7.6   Und wenn Risikomanagement nicht erlaubt ist?

Es gibt Organisationen und Situationen, in denen es keine Risiken geben darf. Natürlich gibt es dort Probleme. In der Regel gibt es dort sogar zu viele Probleme. Beispielsweise werden Zusagen an Kunden gemacht, ohne zu prüfen, ob sie haltbar sind. Nachher werden den Kunden ständig neue Termine genannt. Oder Produktfreigaben erfolgen nach Gutdünken und in der Gewissheit, dass die Kunden sich schon melden, wenn die Produkte nicht gut genug sind. Mitarbeiter sind in solchen Unterneh-

Werkzeug	Hersteller	URL	Features
Riskology	DeMarco / Lister	www.systemsguild.com/riskology/	Risikomanagement für Software- und IT- Projekte, Freeware, Excel-basiert, Simulation, Templates, Histogramme
Risk Managenable	Managenable	www.managenable.com/en/risk-management-spreadsheet-softwares/risk-management-software-solutions.html	Allgemeines Risikomanagement, Proprietäre Spreadsheet Werkzeuge für Risikoanalyse, Bewertung und Reporting
Risk Radar	Mitre	www.mitre.org/work/sepo/toolkits/risk/ToolsTechniques/RiskRadar.html	Risikomanagement für Projekte, MS-Access basiert, Risikosammlung, Importfunktionen
@risk	Palisade Software	www.palisade.com/risk/de/	Allgemeines Risikomanagement, MS-Project-Plug-In, Simulationen, Histogramme, Analysen
Arrisca Risk Analyser	riskHive	www.riskhive.com/	Allgemeines Risikomanagement, Simulationen, Plug-In für viele Projektmanagementwerkzeuge
Risk Trak	Risk Services & Technology	www.risktrak.com/	Allgemeines Risikomanagement, stand-alone, verteilte Risikobewertung, mehrere Projekte.
Saphire	Saphire Software	https://saphire.inl.gov	Freeware für allgemeines Risikomanagement, insbesondere für Abhängigkeiten

Abb. 7.4 Werkzeuge für das Risikomanagement

men Verfügungsmasse, die dorthin verschoben werden, wo es gerade am meisten brennt.

Die Unternehmenskultur wird in solchen Unternehmen bestimmt durch das Legen und Löschen von Feuern. Neue Feuer werden gelegt, bevor die alten ganz gelöscht sind. Brandstifter werden befördert und dominieren mit ihrem Verhalten die Vorgehensweisen und Entscheidungen im Unternehmen. Sie argumentieren, dass der Zweck die Mittel heiligt, und nur das Ergebnis zählt. Sie beschwören „agiles Verhalten" und eine „Start-Up Mentalität", in der es nur darum geht, den nächsten Tag zu überleben. Disziplin, Verantwortung und Prozesse sind Ihnen fremd, denn sie würden die personengetriebene Kultur einengen. Man erkennt solche Unternehmen am Zynismus der Mitarbeiter und an der Anzahl der Dilbert-Cartoons in den Büros.

Ein lehrreiches, weil gut illustriertes Beispiel sind die beiden Space Shuttle Unglücksfälle. Die Untersuchungskommissionen fanden in beiden Fällen, dass die Ingenieure sich der Risiken (Flug bei zu tiefer Temperatur mit unbeständigen Dichtungsringen; Flug mit unzureichend fixierten Hitzeschilden; fehlendes Wiedereintrittsszenario bei Defekten am Shuttle) sehr wohl bewusst waren und sie auch ihrem Management wiederholt anzeigten. Allerdings war die Unternehmenskultur der Lieferanten und Missionsleitung geprägt vom alleinigen Ziel, die Missionen pünktlich und so häufig wie möglich zu starten. Wer dort ein Risiko anzeigte, riskierte, dass ein anderer sagte, er könne den Job besser machen – und ihn dann auch bekam. Solche Organisationen bestrafen unschöne Vorhersagen und Pläne – aber nicht unschöne Ergebnisse.

Was können Sie in einer solchen Kultur machen? Es gibt drei Möglichkeiten, die hier weiterhelfen. Zuerst können Sie damit beginnen, in Ihrem Einflussbereich selbst die Risiken zu kontrollieren. Das ist nicht immer einfach, da viele Risiken von außen kommen. Sie können zweitens abwarten, bis die Kunden darauf bestehen und der Leidensdruck auch für Ihr Management unerträglich wird. Kunden wollen verlässliche Lösungen. Sie wollen nicht von unprofessionellen Lieferanten abhängig sein. Schließlich und drittens können Sie sich eine Umgebung mit einem mehr anhaltenden Geschäftsmodell suchen.

In allen Fällen wünsche ich Ihnen viel Glück für Ihr nächstes Projekt … aber zählen Sie nicht primär darauf! Bauen Sie den Faktor „Glück" nicht von Beginn in Ihre Projektpläne ein. Seien Sie besonders vorsichtig, wenn Ihr Chef sagt, er hätte hier eine „besondere Herausforderung", die nur Sie erledigen könnten. Begrenzen Sie kontrolliert die Verluste in Ihrem Projekt. Das ist wichtiger, als nur auf Gewinnmöglichkeiten zu schauen. Es wird immer Unternehmen geben, die angeblich die gleiche Leistung billiger und schneller anbieten. Und es wird auch Kunden geben, denen der Erfolg egal ist, und die das Billige, Schnelle kaufen. Aber dies sind keine anhaltenden Trends, da sie weder ökonomisch noch ökologisch tragbar sind. Das beste Beispiel dafür ist das schnell wachsende Prozessbewusstsein in den so genannten „Niedriglohnländern". Bauen Sie sich eine solide Reputation, verlässlich und gut zu liefern. Nur dann werden die Kunden (und nicht die Produkte) zurückkommen, und Sie können am Markt bestehen.

Glossar 8

Das Glossar basiert auf eigenen Definitionen und den gebräuchlichen internationalen Standards. Wo möglich greift der Autor auf die relevanten Standards zurück und versucht, Übereinstimmung zwischen Standards und begriffliche Exaktheit zu verbinden. Verwendet wurden IEEE Std 610 (Standard Glossary of Software Engineering Terminology), ISO 15504 (Information Technology – Software Process Assessment – Vocabulary), ISO 15939 (Standard for Software Measurement Process), das SWEBOK (Software Engineering Body of Knowledge) und das PMBOK (Project Management Body of Knowledge). Obwohl die Definitionen für dieses Buch angepasst sind, lehnen sich einzelne Definitionen an Einträge in den genannten Standards an. Aufgrund der vielen Überlappungen und glücklicherweise wenigen Widersprüchen wurden die jeweiligen Standards nicht einzeln zitiert. Wo es dem Verständnis dient, verweisen Erklärungen rekursiv aufeinander. Solche Querverweise innerhalb des Verzeichnisses sind mit einem → Symbol markiert.

Anspruchsträger Natürliche oder juristische Personen, die Ansprüche an Ergebnisse haben und daher Einfluss auf Entscheidungen nehmen. Aufgrund ihrer Ansprüche an Projekte werden sie als Anspruchsträger, oder im Plural Anspruchsgruppen bezeichnet. Beispielsweise vertritt ein → Projektmanager Budget- oder Qualitätsziele. Ein Kundenvertreter vertritt die Geschäftsziele des Kunden.

Anweisung (1) Grundprinzipien (auch: Regelungen, Verhaltensweisen), die von einem Individuum oder einer Organisation vorgeschlagen oder aufgenommen wurden, um Entscheidungen und Aktionen zu be-

C. Ebert, *Risikomanagement kompakt*, IT kompakt,
DOI 10.1007/978-3-642-41048-2_8, © Springer-Verlag Berlin Heidelberg 2013

einflussen und zu steuern. (2) Abstrahierte aber konkrete Vereinbarung, der → Geschäftsprozesse folgen müssen (d. h. für alle Vorgänge, Projekte, Aufträge, Kunden).

Assessment Formale, unabhängige und reproduzierbare Bewertung eines Unternehmens oder seiner → Geschäftsprozesse hinsichtlich der Performanz, Ressourcennutzung, Risiken oder Prozessqualität.

Audit Formale und systematische Aktivität, um festzustellen, in welchem Ausmaß Forderungen an ein Arbeitsergebnis oder einen Prozess erfüllt werden, durchgeführt von Personal, welches nicht verantwortlich für die auditierte Einheit ist.

Aufwandschätzung Schätzung von Aufwand, Kosten oder Dauer eines zu realisierenden → Projekts oder einer Aufgabe zum Zeitpunkt vor oder während der Projektausführung. Sollte immer eine Angabe der Genauigkeit beinhalten (z. B. $\pm \times \%$). Siehe auch → Schätzung.

Ausweichplan Planung von alternativen Strategien, die genutzt werden, um den Projekterfolg zu gewährleisten, wenn spezifizierte Ereignisse (insbesondere Risiken) eintreten. → Risikomanagement, → Notfallplan.

Beste Praxis Der Begriff Best Practice (wörtlich: bestes Verfahren, freier: Erfolgsrezept, Erfolgsmethode) beschreibt den Einsatz bewährter Verfahren, technischer Systeme und → Geschäftsprozesse im Unternehmen. Beste Praxis wird durch → Standards beschrieben und kann in Haftungsfragen wichtig werden, wenn ein Unternehmen nachweisen muss, dass es den Stand der Technik beherrscht und einsetzt.

COBIT COBIT (Control Objectives for Information and Related Technology) ist das international anerkannte Framework zur IT-Governance und gliedert die Aufgaben der IT in Prozesse und Control Objectives. COBIT definiert hierbei nicht vorrangig wie die Anforderungen umzusetzen sind, sondern primär was umzusetzen ist. Es werden drei Dimensionen betrachtet, nämlich die IT-Prozesse, IT-Ressourcen und geschäftliche Anforderungen.

Delphi-Methode Verschiedene Experten schätzen oder prognostizieren und tauschen dann ihre Annahmen und Ergebnisse aus, um in einer zweiten Stufe die Schätzung nochmals zu verbessern. Siehe auch → Schätzung. Wird häufig zur → Aufwandschätzung in wenig bekannten Umgebungen eingesetzt.

Design for Change Eine → Qualitätsanforderung, die zu einem änderungsoptimierten Lösungsmodell führt. Der gesamte → Lebenszyklus wird betrachtet, da die meisten Änderungen in einem System erst nach der ersten Lieferung auftreten. Siehe → Wartung.

Design to Cost Eine → Qualitätsanforderung, die zu einem kostenoptimierten Lösungsmodell führt. Bei den Kosten wird der gesamte → Lebenszyklus betrachtet, je nachdem, welche Kosten optimiert werden (z. B. Entwicklungskosten oder Kosten, die den Kunden erwarten).

Dokument Informationen und das sie transportierende greifbare Medium. Dokumente beschreiben → Arbeitsergebnisse.

Due Diligence Systematische Bewertung eines Unternehmens (engl. Due Diligence) vor der Zusammenarbeit oder Übernahme. Die Bewertung umfasst eine systematische Stärken- und Schwächenanalyse. Siehe auch → SWOT-Analyse.

Earned-Value-Management Projektmanagement auf Basis des Werts der bisher erreichten Ergebnisse in einem Projekt im Vergleich zu den projektierten Kosten und dem geplanten Abschlussgrad zu einem Zeitpunkt. → Maß für den Fortschritt, der sich aus den bereits verbrauchten Ressourcen und den damit gelieferten Ergebnissen zu einem bestimmten Zeitpunkt durch Vergleich mit den jeweiligen Planwerten zu diesem Zeitpunkt berechnet.

Eberts Gesetz zur Produktivität RACE: Reduce Accidents, Control Essence. Die Produktivität wird verbessert, wenn Zufälle verringert werden (z. B. durch verbesserte Prozesse und diszipliniertes Arbeiten) und wenn das Wesentliche kontrolliert wird (z. B. zu verstehen, was ein Markt oder Kunde wirklich braucht, und es dann auch zu liefern).

Effektivität Wirksamkeit (lat. effectivus „bewirkend"). Verhältnis von erreichtem Ziel zu definiertem Ziel, also Zielerreichungsgrad. Effektiv ist, wenn man „die richtigen Dinge tut". Effektivität betrachtet ausschließlich, ob das definierte Ziel erreicht wird, und nicht, wie sie erreicht werden.

Effizienz Wirtschaftlichkeit (lat.: efficere „zustande bringen") ist das Verhältnis zwischen Ergebnis ($\rightarrow$ Effektivität, Wirksamkeit) einer Maßnahme und dem Aufwand, um dieses Ergebnis zu erreichen. Effizient ist, wenn man „die Dinge richtig tut". Als Maß definiert ist Effizienz gleich Nutzen geteilt durch Aufwand. Ein effizientes Verhalten führt wie auch ein effektives Verhalten zur Zielerreichung, hält aber den dafür notwendigen Aufwand möglichst gering. Siehe $\rightarrow$ Produktivität.

Eintrittswahrscheinlichkeit Die Eintrittswahrscheinlichkeit eines $\rightarrow$ Risikos ergibt sich aus dem Verhältnis der vermuteten Schadensfälle zu den insgesamt möglichen Fällen. Sie liegt somit zwischen Null und Eins. Sie wird mathematisch charakterisiert durch die Wahrscheinlichkeitsverteilung und deren kumulativer Verteilungsfunktion. $\rightarrow$ Risikomanagement.

Enterprise Risk Management Das Enterprise Risk Management (ERM) setzt das $\rightarrow$ Risikomanagement nach ISO 31000 im Unternehmen ganzheitlich um. Ziel des ERM ist es, erwünschte Risiken in einem von der Geschäftsführung in der Risikostrategie festgelegten Umfang einzugehen, und unerwünschte Risiken zu reduzieren, um so eine für das Unternehmen optimale Chancen-Risiken-Position einzunehmen.

Geschäftsplan Beschreibung der Strategie und ihrer Umsetzung in wesentlichen Punkten für ein Produkt oder ein Unternehmen. Der Geschäftsplan zeigt wirtschaftlich (z. B. mit dem Business Case) und technisch, wie das Produkt oder Unternehmen erfolgreich sein wird, und warum sich ein Investment lohnt.

Geschäftsprozess Ein Geschäftsprozess ist eine Folge zusammengehöriger Aktivitäten, die schrittweise ausgeführt werden, um ein geschäftliches oder betriebliches Ziel zu erreichen. Geschäftsprozesse modellieren, wie das System intern operiert, um die Anforderungen der Umwelt zu erfüllen. → Anwendungsfälle dagegen beschreiben, was die Umwelt vom System erwartet.

Informationssicherheit (IS) Informationssicherheit ist die Summe der Eigenschaften eines Systems, die dazu beitragen, dass es weder versehentlich noch absichtlich manipuliert oder angegriffen werden kann. Informationssicherheit bedeutet, dass das Produkt mit den von ihm verarbeiteten oder gespeicherten Informationen nichts tut, das von ihm nicht erwartet wird.

Informationstechnik (IT) Oberbegriff für die Informations-, Kommunikations- und Datenverarbeitung sowie die dafür benötigte Software und Hardware. Wird für jegliche Formen der Informationstechnik verwendet, also auch für Kommunikationstechnik oder reine Softwaresysteme und -anwendungen.

Interim-Management Zeitlich befristetes Management (lateinisch „ad interim" = unterdessen). Interim-Manager übernehmen Ergebnisverantwortung für ihre Arbeit in einer Linienposition. Sie verlassen das Unternehmen, sobald das Problem gelöst ist.

ISO/TS ISO Technical Standard.

IT Siehe → Informationstechnik.

IT Portfolio IT Vermögenswerte (statisch/dynamisch) und deren Bezug zur Unternehmensstrategie.

ITIL Die IT Infrastructure Library (ITIL) ist eine Sammlung von Best Practices zur Umsetzung eines IT-Service-Managements (ITSM) und gilt inzwischen international als De-facto-Standard. In dem Regel- und Definitionswerk werden die für den Betrieb einer IT-Infrastruktur notwendigen Prozesse, die Aufbauorganisation und die Werkzeuge beschrieben. Die ISO/IEC 20000 IT Service Management dient als messbarer Qualitätsstandard für das IT Service Management. Dazu werden die notwendigen Mindestanforderungen an Prozesse spezifiziert und dargestellt, die eine Organisation etablieren muss, um IT-Services in definierter Qualität bereitstellen und managen zu können.

Korrektive Aufgabe Aufgabe, die durchgeführt wird, um die Ursachen einer entdeckten Nichtkonformität (z. b. Planabweichung) oder einer anderen ungewünschten Situation zu beheben.

Krisenmanagement Der systematische Umgang mit Krisensituationen. Dazu gehören Identifikation und Analyse von Krisensituationen, die Entwicklung von Strategien, sofern nicht bereits im Rahmen des → Risikomanagements geschehen, zur Bewältigung einer Krise, sowie die Einleitung und Verfolgung von Gegenmaßnahmen.

Kritikalitätsanalyse Bestimmung von kritischen Softwarekomponenten (z. B. mit Hilfe von → Komplexitätsmaßen oder von → FTA, → FMEDA, → RBD) zum Zeitpunkt ihrer Entwicklung, um die → Verifikation und → Validierung zu steuern.

Kritischer Pfad Der Pfad durch alle diejenigen Aktivitäten in einem → Netzplan eines Projekts, die durch ihre Dauer und Abhängigkeiten die Gesamtdauer des Projekts bestimmen.

Kritisches System Systeme, die für ihre Benutzer oder Eigentümer von strategischer Bedeutung sind. Beispiele sind unternehmenskritische Systeme (z. B. IT-Systeme einer Bank), sicherheitskritische Systeme (z. B. Bremssteuerung im Auto), oder produktkritische Systeme (z. B. Kernkomponenten großer Produkte). Versagen oder Fehler kritischer Systeme haben schwerwiegende negative Konsequenzen. Sie haben daher hohe Anforderungen an Verfügbarkeit, Verlässlichkeit und Zuverlässigkeit.

Lean Development Entwicklung mit einem durchgängigen und übergreifenden Fokus darauf, Kundenwert zu schaffen, Verschwendung zu vermeiden, Wertflüsse zu optimieren, Eigenverantwortung zu stärken, und kontinuierlich zu verbessern.

Lean Management Denkprinzipien, Methoden und Verfahrensweisen zur optimalen Gestaltung der gesamten Wertschöpfungskette eines Unternehmens. Das Ziel ist, mit durchgängigem Management sowohl unternehmensintern als auch unternehmensübergreifend eine stärkere Kundenorientierung zu erreichen und gleichzeitig Performanz und Effizienz zu verbessern.

Lebenszyklus Die Evolution eines → Systems oder eines → Produkts ab der Initiierung durch ein Benutzerbedürfnis oder einen Kundenvertrag über die Auslieferung an den Kunden bis zur Außerbetriebnahme. Beinhaltet alle (Zwischen-) Ergebnisse, die im Laufe dieser Evolution entstehen. Siehe auch → Produktlebenszyklus (PLC) und → Produktlebenszyklus-Management (PLM).

Leistungsvereinbarung Eine Leistungsvereinbarung (engl. SLA) bezeichnet eine Vereinbarung zwischen Auftraggeber und Dienstleister für einen zu liefernden Dienst und dessen Dienstgüteniveau (z. B. Reaktionszeiten, Verfügbarkeit, Fehler, etc.). Eine Leistungsvereinbarung hat vier Elemente: die Servicebeschreibung, eine Messvorschrift, eine Zielsetzung und eine Verrechnungsgrundlage, die Zielerreichung/Leistung und Preis in Beziehung setzt.

Lieferant Ein Lieferant (französisch: livrer) versorgt einen Abnehmer mit Waren oder Dienstleistungen. Es gibt verschiedene Arten von Lieferanten: (1) Teile-, Materiallieferant, (2) Komponenten-, Funktionsgruppen-, Modullieferant, Entwicklungsdienstleister, (3) Systemlieferant, Geschäftsprozesse. Die Positionierung im Lieferantennetzwerk (auch Lieferantenpyramide) gibt an, wie der Lieferant positioniert ist, und wird häufig nummeriert (OEM, Tier-1, Tier-2, ... Tier-N-Lieferant).

Management-System System, um → Regeln (auch Regelung/Verhaltensweise) und Ziele zu schaffen und zu erreichen.

Monte Carlo Analyse Simulationstechnik, die → Risiken in einem Projekt durch sehr oft wiederholtes, zufälliges Bearbeiten des Projektplans greifbar macht. Schätzungenauigkeiten vieler Aktivitäten können dadurch in einen realistischen Gesamtmaßstab gebracht werden.

Notfallplan Beschreibung der Aufgaben und Verantwortungen, die beim Eintreten eines Risikos erfolgen. Er wird für die kritischen Risiken bereits als Teil der Risikoverfolgung festgelegt. → Risikomanagement, → Ausweichplan.

Operatives Risikomanagement Das operative → Risikomanagement betrachtet eine konkrete, kurzfristig relevante Aufgabe oder Fragestellung und bewertet das Risiko dahinter (z. B. Verzögerungen durch Ressourcenmangel oder durch Lieferantenausfall).

PMBOK Siehe → Project Management Body of Knowledge.

Portfolio Menge aller Unternehmenswerte mit ihrer Beziehung zur Unternehmensstrategie und der jeweiligen Marktposition.

Portfolio-Management Portfolio-Management ist der dynamische Entscheidungsprozess mit dem Ziel, die Mischung aus Produkten, Projekten und Investitionsvorschlägen so zu optimieren, dass der Gesamtwert für das Unternehmen maximiert wird. Es besteht aus drei Schritten, nämlich die Gewinnung von Informationen zu den Portfolio-Elementen, die Bewertung dieser Elemente, und schließlich die Entscheidung, in welche Elemente weiter investiert wird.

Project Management Body of Knowledge (PMBOK) Project Management Body of Knowledge. Vom Project Management Institute (PMI) herausgegebene Zusammenstellung des Basiswissens für → Projektmanager, unabhängig vom Anwendungsgebiet. Dient als Basis für die Zertifizierung zum „Project Management Professional" (PMP).

Projekt Ein Projekt ist ein temporäres Bestreben, um mit Menschen etwas Einzigartiges (→ Produkt, → Lösung, → Service etc.) zu entwickeln. Einzigartig bedeutet, dass man das exakt Gleiche nicht einfach von der Stange kaufen kann. In der Softwaretechnik werden verschiedene Projekttypen unterschieden (z. B., Produktentwicklung, Outsourcing, Pflege).

Prozess Abfolge zusammengehöriger Tätigkeiten, die Eingangsgrößen in Ausgangsgrößen transformiert, um ein Ziel zu erreichen (Beispiel: Prozess für → Reviews, um Fehler frühzeitig und diszipliniert zu finden).

Qualität (1) Die Menge aller Eigenschaften eines → Produkts oder eines → Dienstes und deren Ausprägung, die der Erreichung von vorher festgelegten → funktionalen Anforderungen und von → Qualitätsanforderungen dient. (2) Grad, in dem ein Produkt oder ein Dienst vorher festgelegte Eigenschaften und deren Ausprägungen besitzt. (3) Vollständigkeit von erfüllten Erwartungen an Merkmale eines Produkts oder eines Dienstes.

Requirements Engineering (RE) Das disziplinierte und systematische Vorgehen zur Ermittlung, Dokumentation, Analyse, Prüfung, Abstimmung und Verwaltung von Anforderungen unter kundenorientierten, technischen und wirtschaftlichen Vorgaben. Das Ziel von RE ist es, qualitativ gute – nicht perfekte – Anforderungen zu entwickeln und sie in der Umsetzung risiko- und qualitätsorientiert zu verwalten.

Review (1) Geplante und strukturiert durchgeführte Prüfung. (2) Prüfung eines → Arbeitsergebnisses mit dem Ziel, dessen → Qualität zu verbessern (siehe auch → Qualitätskontrolle, → Verifikation). (3) Prüfung eines Projekts oder Meilensteins mit dem Ziel der reproduzierbaren Fortschrittskontrolle (siehe auch → Projektmanagement).

Richtlinie Praktisch nutzbare Erläuterung, wie ein Prozess oder ein Werkzeug in einer konkreten Situation eingesetzt wird.

Risiko Auswirkung von Unsicherheit auf Ziele. Eine mögliches zukünftiges Ereignis, das im Falle seines Eintritts negative oder positive Auswirkungen haben kann. Wird berechnet als Produkt der Eintrittswahrscheinlichkeit einer Situation und deren Auswirkungen. Siehe → Risikomanagement.

Risikoabschwächung Teil des → Risikomanagement. Auch als Risikominderung bezeichnete Tätigkeiten, die ausgeführt werden, um zu verhindern, dass ein → Risiko zum Problem wird. Vier Techniken zur Risikoabschwächung werden unterschieden: Vermeiden, Begrenzen, Behandeln, Ignorieren.

Risikoauslöser Das auslösende Ereignis eines → Risikos. Bestimmt die Eintrittswahrscheinlichkeit und die Auswirkungen (die zum Problem werden, falls es nicht erfolgreich abgeschwächt wird).

Risikobewertung Teil des → Risikomanagement, der sich mit dem bewerten von → Risiken in einem Projekt oder einem Geschäftsprozess befasst. Die Bewertung betrachtet die Eintrittswahrscheinlichkeit des Risikos und die Folgen im Falle des Eintretens.

Risikoerkennung Teil des → Risikomanagement, der sich mit dem Erkennen von → Risiken in einem Projekt oder einem Geschäftsprozess befasst.

Risikokommunikation Kommunikatives Konzept, das sich bereits im Vorfeld mit der Wahrscheinlichkeit des Eintritts eines Schadens befasst. Risikokommunikation umfasst neben der Krisen- oder Störfallkommunikation auch die Aufklärungs- und Präventionskommunikation.

Risikomanagement Risikomanagement umfasst sämtliche Maßnahmen zur systematischen Erkennung, Bewertung, Abschwächung und Kontrolle von Risiken. Risikomanagement betrachtet die Auswirkungen heutiger Entscheidungen auf die Zukunft. Ziel von Risikomanagement ist die Erreichung eines bestimmten Sicherheitsniveaus mit minimalem Aufwand bzw. die Optimierung des Gesamtrisikos bei gegebenem Aufwand. Wird sowohl im Projektmanagement für Projektrisiken als auch im Portfolio- oder Produktmanagement für Kunden-, Markt- oder Unternehmensrisiken eingesetzt.

Risikostrategie Teil des → Risikomanagements, der Vorgaben und Richtlinien für das Identifizieren, Bewerten und Abschwächen von Risiken in einem Projekt oder einem Geschäftsprozess macht. Siehe auch → strategisches Risikomanagement.

Risikokontrolle Teil des → Risikomanagement, der sich mit der Kontrolle von → Risiken und den Aufgaben zur Abschwächung in einem Projekt, einem Geschäftsprozess oder einem Unternehmen befasst. Es geht dabei vor allem um den Effekt der abschwächenden Maßnahmen und ob die Risiken noch immer relevant sind.

Schätzung Quantitative Bewertung eines erwarteten Betrags oder Ergebnisses. Wird typischerweise für Aufwände, Kosten, Umfang oder Dauer eines → Projekts eingesetzt. Sollte immer eine Angabe der Genauigkeit beinhalten (z. B. ± x Prozent). Siehe auch → Aufwandschätzung.

SLA Siehe → Leistungsvereinbarung.

Softwaretechnik (1) Die systematische, disziplinierte und quantifizierbare Vorgehensweise zu Erstellung, Betrieb und Pflege von Software; also die Anwendung von Ingenieurwissenschaft auf Software. (2) Die wissenschaftliche Betrachtung von (2).

Stand der Technik Siehe → Beste Praxis.

Strategisches Risikomanagement Das strategische → Risikomanagement betrachtet die Gesamtheit aller Risiken und deren Einfluss auf das Unternehmen (z. B. Evaluierung aller Projekte im Projektportfolio und gezielte Terminierung von jenen mit wenig Erfolgschancen). Es liefert eher langfristige Regeln, die für das operative Geschäft anwendbar sind.

SWOT-Analyse Analyse der Stärken, Schwächen, Chancen und Bedrohungen (engl. für Strengths, Weaknesses, Opportunities and Threats). Analyse des eigenen Profils am Markt und Herausarbeitung von Angriffs- und Verteidigungsplänen in der Umsetzung der Strategie.

Szenario Szenarios werden zur Beschreibung und Analyse möglicher Entwicklungen der Zukunft eingesetzt. Sie beschreiben ablauforientiert, wie sich Ereignisse oder Akteure entwickeln. Die Szenariotechnik in der strategischen Planung betrachtet die Analyse von Extremszenarios (positives Extrem-Szenario/Best-Case-Szenario, negatives Extrem-Szenario/Worst Case Szenario) oder besonders relevanter oder typischer Szenarios (Trendszenario). Durch die greifbaren und leicht vorstellbaren Abläufe können Abhängigkeiten und Anforderungen extrahiert werden. Siehe → Strategie.

Time-Boxing Verfahren im → Projektmanagement, um → Projekte termingenau abzuschließen. Dazu werden → Anforderungen priorisiert und zuerst die wichtigen Anforderungen realisiert. Wurde die Zeitdauer oder der Aufwand unterschätzt, fallen am Ende einige unwichtige Anforderungen weg, damit der Liefertermin eingehalten werden kann. Siehe auch → inkrementelle Entwicklung.

Unternehmensbewertung Siehe → Due Diligence

Ursachenanalyse Untersuchung von Ursachen von Fehlverhalten (generell, nicht nur Softwarefehler) zur Fehlervermeidung.

Veränderung Eine Veränderung (oder Transformation) ist der gesteuerte Übergang von Personen, Teams und Organisationen von einem aktuellen Zustand zu einem gewünschten zukünftigen Zustand. Beispiele: Einführung einer neuen Kultur, Umsetzung einer neuen Strategie, Prozessverbesserung, Fusion, Akquisition, Kostenreduzierung, Outsourcing.

Veränderungsmanagement Systematische Vorgehensweise, um eine Veränderung kontrolliert umzusetzen. Umfasst Ziele, Vorgehensweisen und Maßnahmen, die zur Veränderung eingesetzt werden (z. B. Einführung einer neuen Kultur, Umsetzung von neuen Strategien, Strukturen, Systemen, Prozessen oder Verhaltensweisen). Siehe → Organisationsentwicklung, → Prozessverbesserung.

Vertrag Eine rechtlich verbindliche gegenseitige Vereinbarung, die einen → Lieferanten dazu verpflichtet, ein spezifiziertes Produkt oder eine Dienstleistung zu liefern, und den Auftraggeber dazu verpflichtet, es abzunehmen und dafür zu bezahlen. Im Software- und IT-Bereich in der Form des Kaufvertrags, Werkvertrags oder Dienstvertrags eingesetzt.

Win-win-Methode Verhandlungsstrategie zur Erzielung eines maximalen Ergebnisses für alle beteiligten Parteien. Ziel ist, dass alle beteiligten Parteien mit dem Gefühl die Verhandlung beenden, dass sie einen Gewinn für sich und ihre Position erreicht haben.

Zertifizierung Bestätigung mit einem formalisierten Verfahren, dass ein → System, → Prozess oder eine Person spezifizierte → Ziele oder → Anforderungen erreicht oder einhält. Beispiel: ISO 9001 Zertifizierung, → CPRE Zertifizierung.

Ziel Intentionale Beschreibung eines von Anspruchsträgern gewünschten charakteristischen Merkmals. Beispiele: Ziele an ein zu entwickelndes System, Geschäftsziele, Verbesserungsziele.

Weiterführende Informationen 9

Zum Ende bieten wir noch eine Liste mit Literatur, Trainings und Internet-Ressourcen zum Thema Risikomanagement. Viele dieser Ressourcen referenzieren auf weitere Informationen, so dass die im Umfang begrenzte Liste einen guten Einstieg für Ihre Recherche bietet. Aufgrund der Dynamik solcher Verweise können wir nicht für die Konsistenz garantieren.

9.1 Literatur und Standards

Accenture: Report on the Accenture 2011 Global Risk Management Study. Zusammenfassung der Ergebnisse aus einer regelmäßigen Umfrage an Vorstände von weltweiten Unternehmen zum Risikomanagement im Unternehmen. 2011. http://www.accenture.com/SiteCollection Documents/PDF/Accenture-Global-Risk-Management-Study-2011.pdf

Charette, R. N.: Why Software Fails. IEEE Spectrum, Sep. 2005, pp. 42–49. Beschreibung: Robert Charette ist ein alter Hase im Risikomanagement von Softwareprojekten. Er hat in diesem sehr lesenswerten Artikel eine ganze Reihe von Softwarerisiken und deren sehr konkrete Auswirkungen zusammengefasst. Darüber hinaus beschreibt er kurz eine praktische Vorgehensweise, um Katastrophen durch Softwareprojekte zu vermeiden.

Deloitte: Global Risk Management Survey, 8. Edition. 2012. Zusammenfassung der Ergebnisse aus einer regelmäßigen Umfrage an Risiko-Vorstände (Chief Risk Manager) von weltweiten Unternehmen

C. Ebert, *Risikomanagement kompakt*, IT kompakt, DOI 10.1007/978-3-642-41048-2_9, © Springer-Verlag Berlin Heidelberg 2013

zum Risikomanagement im Unternehmen. http://www.deloitte.com/ assets/Dcom-UnitedStates/Local%20Assets/Documents/us_fsi_aers_ global_risk_management_survey_8thed_072913.pdf

DeMarco, T. und T. Lister: Bärentango: Mit Risikomanagement Projekte zum Erfolg führen. Hanser, 2003. Beschreibung: Die Altmeister haben ein Buch mit hohem Unterhaltungswert geschrieben. Entgegen dem Titel spielt Risikomanagement keine große Rolle, sondern eher Projekterfahrungen im Allgemeinen, insbesondere zu Schätzungen. Man sollte es als Impulsgeber lesen, um dann eine eigene Meinung zu bilden.

ISO 16085 (Standard for Software Engineering – Software Life Cycle Processes – Risk Management). Beschreibung: Dies ist der internationale Standard für alle Themen zu Software Risikomanagement. Er beschreibt den Stand der Technik in allen Fragen des Risikomanagement und ist daher vor allem bei Haftungsfragen in IT- und Softwareprojekten von Interesse.

ISO 31000 (Risk Management – Principles and Guidelines). Beschreibung: Dies ist der internationale Standard für alle Themen zu Risikomanagement. Er beschreibt den Stand der Technik in allen Fragen des Risikomanagement und ist daher vor allem bei Haftungsfragen von Interesse. Der zugehörige ISO/IEC 31010 (Risk Management – Risk Assessment Techniques) beschreibt die Techniken und Methodik der Risikobewertung.

McKinsey: Delivering large-scale IT projects on time, on budget, and on value. 2012. Konkrete Beispiele aus dem Risikomanagement in Software- und IT-Projekten. http://www.mckinsey.com/insights/ business_technology/delivering_large-scale_it_projects_on_time_on_ budget_and_on_value

Romeike, F. und P. Hager: Erfolgsfaktor Risiko-Management 3.0: Methoden, Beispiele, Checklisten Praxishandbuch für Industrie und Handel. Springer Gabler; Auflage: 3. Aufl. 2013. Beschreibung: Der Klassiker zum Thema Risikomanagement. Übersicht mit vielen Beispielen und Techniken. Grundlagen werden sehr ausführlich beschrieben. Die Beispiele kommen aus der unternehmerischen Praxis und sind breit anwendbar. Interessant auch für Software-Projekte, die in größere Projekte oder fachfremde Gebiete eingebettet sind.

9.2 Internet-Ressourcen

Risikomanagement
Ständig aktualisierte Informationen zum Risikomanagement in deutscher Sprache aber eher mit Unterhaltungswert: http://www.risknet.de
Newsletter: http://catless.ncl.ac.uk/Risks
Risk Management Framework. Taxonomie des Software Engineering Institute zum Risikomanagement. Report CMU/SEI-2010-TR-017, 2010: http://www.sei.cmu.edu/reports/10tr017.pdf
COBIT (Control Objectives for Information and Related Technology): http://www.isaca.org
BSI IT-Grundschutz-Standards: https://www.bsi.bund.de/DE/Themen/ ITGrundschutz/itgrundschutz_node.html

Werkzeuge für das Risikomanagement
Riskology. DeMarco/Lister. http://www.systemsguild.com/riskology/
Risk Managenable. Managenable. http://www.managenable.com/en/ risk-management-spreadsheet-softwares/risk-management-software-solutions.html
Risk Radar. Mitre. http://www.mitre.org/work/sepo/toolkits/risk/ ToolsTechniques/RiskRadar.html
@risk. Palisade Software. www.palisade.com/risk/de/
Arrisca Risk Analyser. riskHive. http://www.riskhive.com/
Risk Trak. Risk Services & Technology. http://www.risktrak.com/
Saphire. Saphire Software. https://saphire.inl.gov

Grundlagen zum Projektmanagement
Das PMBOK (Project Management Body of Knowledge) vom Project Management Institute (PMI) bietet eine umfassende und aktuelle Darstellung des erwarteten Erfahrungsschatzes eines Projektmanagers. Das PMBOK selbst ist nicht frei verfügbar; allerdings finden sich ältere Versionen auf dem Internet.
PMI homepage: http://www.pmi.org

Programmmanagement
Das amerikanische Software Program Managers Network (SPMN) bietet viele frei zugängliche Unterlagen und Präsentationen zum Projektmanagement und zum Risikomanagement. Das Risikomanagementwerkzeug Risk Radar wird ebenfalls kostenlos angeboten.

9.3 Projektmanagement und Co.

Balzert, H., C. Ebert und Spindler.: Lehrbuch der Softwaretechnik: Softwaremanagement. Spektrum, Springer, 2008. Beschreibung: Das Buch ist ein sehr empfehlenswertes Nachschlagewerk und Lehrbuch zu allen Fragen rund um das Management von Software-Projekten und -Produkten, das auf seinen rund 700 Seiten wirklich kein wichtiges Thema auslässt.

Burke, R.: Project Management. Wiley, 5. Auflage 2013. Beschreibung: Profunde Zusammenfassung von allgemeinen Projektmanagementtechniken. Das Buch bietet eine gute Fundgrube praktischer Daten aus ganz unterschiedlichen Projekten. Klassisches Lehrbuch, das gerne auch zur Vorbereitung auf die PMI-Zertifizierung eingesetzt wird.

DIN 69901: Projektmanagement, Projektmanagementsysteme. Erhältlich über http://www.din.de oder im Beuth-Verlag. Beschreibung: Die DIN-Normenreihe DIN 69901 beschreibt Grundlagen, Prozesse, Prozessmodell, Methoden, Daten, Datenmodell und Begriffe im Projektmanagement. Struktur: DIN 69901-1 „Grundlagen", DIN 69901-2 „Prozesse, Prozessmodell", DIN 69901-3 „Methoden", DIN 69901-4 „Daten, Datenmodell", DIN 69901-5 „Begriffe". Diese neue Reihe, die auch zum PMBOK Bezug nimmt, ersetzt die früheren Normen DIN 69901 bis 69905 zur Projektabwicklung.

Ebert, C. et al.: Software Measurement. Springer, 3. Auflage 2014. Beschreibung: Eine gut verständliche Einführung in das Thema Softwaremessung und -bewertung. Das Buch enthält viele nützliche Praxistipps und Beispiele, die es erleichtern, Inhalte schnell in die eigene Umgebung zu transferieren. Die vier Autoren tragen mit ihrem sehr unterschiedlichen beruflichen Hintergrund zur Praxisrelevanz bei.

Ebert, C.: Systematisches Requirements Engineering. dpunkt.verlag, 5. Auflage, 2014. Beschreibung: Der Klassiker zum Requirements Engineering mit vielen Praxis-Tipps. Dieses Grundlagenbuch fasst die Techniken des Requirements Engineering zusammen und enthält viele Beispiele. Es enthält ein Werkzeugkapitel, in dem Werkzeughersteller ihre Werkzeuge an verschiedenen Szenarien vorstellen.

Ebert, C.: Global Software and IT. Wiley, 2012. Beschreibung: Eine kompakte Zusammenfassung zum Thema der globalen Softwareentwicklung. Outsourcing wird genauso betrachtet wie Offshoring, Nearshoring und andere Formen der verteilten Entwicklung von Software. Das Buch bietet konkrete Hilfestellung und eine große Zahl an Checklisten und Hinweisen für verteilte Projekte. Konkrete industrielle Fallstudien von Unternehmen wie Bosch, Siemens oder Wipro runden das Buch ab.

IEEE Std 1058-1998: IEEE Standard for Software Project Management Plans. Beschreibung: Kurz und knapp wird ein Template für die Projektplanung in IT-Projekten vorgestellt. Es ist bewusst allgemein gehalten, um einen breiten Einsatz zu rechtfertigen. Dieses Template fordert einen dedizierten Plan für das Risikomanagement als Bestandteil des Projektplans. Es geht auch auf Lieferantenrisiken ein. Soweit Sie noch keinen Masterplan haben, nehmen Sie dieses Template.

PMBOK (Project Management Body of Knowledge): Beschreibung: Dieser weltweit verbindliche Kanon der Techniken des Projektmanagement ist sehr umfassend und enthält auch ein Kapitel zum Risikomanagement. Es ist erhältlich über das Project Management Institute (PMI) und dient als Basis für die Zertifizierung von Projektmanagern.

Tiemeyer, E. (Hrsg.): Handbuch IT-Projektmanagement. Hanser, 2010. Beschreibung: Zusammenfassung von Beiträgen führender Fachleute aus dem deutschsprachigen Raum zum Projektmanagement von IT-Projekten. Das Buch bietet eine gute Fundgrube praktischer Daten aus ganz unterschiedlichen Projekten.

9.4   Rechtliche Aspekte

Bartsch, M.: EDV-Recht. In: Beck'sches Formularbuch Kapital G IT-Recht, 11. Auflage 2012. Beschreibung: Viele direkt nutzbare Vorlagen für Vertragsgestaltung.

Koch, F.: IT-Projektrecht: Vertragliche Gestaltung und Steuerung von IT-Projekten, Best Practices, Haftung der Geschäftsleitung. Springer, 2007. Beschreibung: Grundlagen zu IT-Projektverträgen mit vielen Praxisbeispielen vor allem zu Haftungsfragen.

Zahrnt, C.: IT-Projektverträge: Rechtliche Grundlagen. Dpunkt Verlag, 2008. Beschreibung: Grundlagen und Tipps zu IT-Projektverträgen mit Beispielen und Vorlagen.

9.5 Trainings und Beratung

Trainings und Inhouse-Seminare zum Thema Risikomanagement und verwandten Gebieten aus dem Projekt-, Produkt- und Portfoliomanagement bietet der Autor mit weltweit renommierten Anbietern an, beispielsweise VDE, GI und Sigs Datacom. Schriftliche Lehrgänge zum Risikomanagement bietet der Autor über Management Circle an. Informationen erhalten Sie direkt über den Autor.

Beratung und Unterstützung zum Risikomanagement sowie **konkrete Projektbewertungen** bietet der Autor im Rahmen seiner Beratungsdienstleistungen an.

Nutzen Sie einen erfahrenen Berater sowohl für den Aufbau des Risikomanagements als auch für kritische Projektsituationen und für das Krisenmanagement. Er kann als neutraler Vermittler zwischen Auftraggeber und Auftragnehmer fungieren. Wenn er das Vertrauen der relevanten Interessengruppen genießt, wird er dazu beitragen, dass Konflikte schneller aufgelöst werden. Zu oft verfestigen sich nämlich Positionen in internen Silos nur weil niemand das Gesicht verlieren will.

Autor

Dr. Christof Ebert ist Geschäftsführer der Vector Consulting Services GmbH. Er unterstützt Unternehmen weltweit bei der Verbesserung ihrer Produktentwicklung und Produktstrategie sowie im Veränderungs-Management. Zuvor war er zehn Jahre in internationalen Führungsfunkionen für Alcatel-Lucent tätig, zuletzt mit weltweiter Verantwortung für Software-Plattformen. Er leitet Risikoanalysen, Due-Diligence-Bewertungen und baut Governance-Strukturen auf. Er sitzt in verschiedenen Aufsichtsgremien, lehrt an der Universität Stuttgart sowie der Sorbonne in Paris und ist Autor mehrerer renommierter Bücher, wie dem deutschsprachigen Standardwerk „Systematisches Requirements Engineering".

Kontakt: www.vector.com/consulting, mailto: christofebert@ieee.org

C. Ebert, *Risikomanagement kompakt*, IT kompakt,
DOI 10.1007/978-3-642-41048-2, © Springer-Verlag Berlin Heidelberg 2013

Sachverzeichnis